BESTACTIVITYBOOKS.COM

Copyright © 2022 LINGUAS CLASSICS

PREMIERE ÉDITION

Dépôt légal, 2022

Illustration Graphique Extra: www.freepik.com
Merci à Alekksall, Starline, Pch.vector, Rawpixel.com, Vectorpocket, Dgim-studio, Upklyak, Macrovector, Stockgiu, Pikisuperstar & Freepik.com Designers

Découvrez des Jeux Gratuits en Ligne

Disponible Ici :

BestActivityBooks.com/FREEGAMES

5 ASTUCES POUR DÉMARRER !

1) COMMENT RÉSOUDRE LES MOTS MÊLÉS

Les puzzles sont dans un format classique :

- Les mots sont cachés sans espaces, tirets, ...
- Orientation : Les mots peuvent être écrits en avant, en arrière, vers le haut, vers le bas ou en diagonale (ils peuvent être inversés).
- Les mots peuvent se chevaucher ou se croiser.

2) UN APPRENTISSAGE ACTIF

Un espace est prévu à côté de chaque mots pour noter la traduction. Pour favoriser un apprentissage actif un **DICTIONNAIRE** à la fin de cette édition vous permettra de vérifier et étendre vos connaissances. Cherchez et notez les traductions, trouvez-les dans le Puzzle et ajoutez-les à votre vocabulaire !

3) MARQUEZ LES MOTS

Vous pouvez inventer votre propre système de marquage. Peut-être en utilisez-vous déjà un ? Sinon, vous pourriez, par exemple, marquer les mots qui ont été difficiles à trouver d'une croix, ceux que vous avez aimés d'une étoile, les mots nouveaux d'un triangle, les mots rares d'un diamant, etc...

4) STRUCTUREZ VOTRE APPRENTISSAGE

Cette édition vous offre un **CARNET DE NOTES** très pratique à la fin du livre. En vacances ou en voyage ou à la maison, vous pouvez facilement organiser vos nouvelles connaissances sans avoir besoin d'un second bloc-notes !

5) VOUS AVEZ FINI TOUTES LES GRILLES ?

Allez à la section bonus **CHALLENGE FINAL** pour trouver un jeu gratuit à la fin de cette édition !

Simple et Rapide ! Découvrez notre collection de livres d'activités pour votre prochain moment de détente et **d'apprentissage**, à juste un clic de distance !

Trouvez votre prochain défi sur :

BestActivityBooks.com/MonProchainLivre

À vos marques, prêts... Partez !

Saviez-vous qu'il existe environ 7 000 langues différentes dans le monde ? Les mots sont précieux.

Nous aimons les langues et avons travaillé dur pour créer les livres de la plus haute qualité pour vous. Nos ingrédients ?

Une sélection des thématiques d'apprentissage adaptée, trois belles parts de divertissement, puis nous ajoutons une cuillère de mots difficiles et une pincée de mots rares. Nous les servons avec soin et un maximum de plaisir pour vous permettre de résoudre les meilleurs jeux de mots mêlés qui soient et d'apprendre en vous amusant !

Votre avis est essentiel. Vous pouvez participer activement au succès de ce livre en nous laissant un commentaire. Nous aimerions vraiment savoir ce que vous avez préféré dans cette édition !

Voici un lien rapide qui vous mènera à la page d'évaluation de vos commandes :

BestBooksActivity.com/Avis50

Merci pour votre aide et amusez-vous bien !

De la part de toute l'équipe

1 - Été

```
L A M S A N D A L O J D M U
I H J A M B X T U M X Z E T
B P L P L A Ĝ O D X A N I T
R M E S O S S O O V H R Z E
O A I D L I T D J F E J O N
J N F L I B E R T E M P O D
V Ĝ E A V C L Z E D U E A U
O O R M M K O R X Ĉ Z D A M
J I I I G I J N Q U I J U A
A D O K L T L B K O K Ĝ F D
Ĝ P L O N Ĝ O I K D O O O O
O K T J S B O P O S W J D H
Ĝ A R D E N O R T T V O E M
Y I S T Z U C P W E P U U E
```

AMIKOJ	MARO
TENDUMADO	MUZIKO
STELOJ	MANĜO
FAMILIO	PLAĜO
ĜARDENO	PLONĜO
LUDOJ	MALSTREĈIĜO
ĜOJO	SANDALOJ
LIBROJ	FERIO
LIBERTEMPO	VOJAĜO

2 - Adjectifs #2

```
C U O M X A P U R A X T R R
T A L E N T A O M Ŭ A A P N
R M Q P X S Q S T T U V I A
A D R A M A N O F E I S K T
P Y S V V I E V L N N L H U
R R F Q T I L A K T T C U R
E K O E M U E Ĝ V A E T A A
S Y R D J M G A L E R A A P
P X T E U F A M A F E V M O
O N A S H K N E B I S N C Y
N U W A G R T R N E A X M Z
D N Y N V E A I O R S E K A
E B S A L A J S V A H R Z J
P R I S K R I B A A M T W V
```

AŬTENTA	NATURA
FAMA	NOVA
KREA	PRODUKTIVA
PRISKRIBA	POTENCA
TALENTA	PURA
DRAMAN	RESPONDE
ELEGANTA	SANA
FIERA	SALAJ
FORTA	SOVAĜA
INTERESA	SEKA

3 - Exploration

L H N E K O N A T A E H M N
D I X M W D I B I R H M P O
R A N L H L L A V Z U F M V
R Y N G C F E K S C I T O A
P I L Ĝ V D E T E R M I N O
R G I U E O G I S P A C O E
K T X P A R H V O X I E I L
C U E O I P A E V P Q A B Ĉ
T V L Y X A H C A O A U E E
E O K T F G H O Ĝ J P J S R
R J O A U I N V A Z J W T P
E A V K L R K U R A Ĝ O O I
N Ĝ O N W C O N O E P I J Ĝ
O O W A V P F J Z T P U K O

AKTIVECO   ELĈERPIĜO
BESTOJ   NEKONATA
KURAĜO   LINGVO
KULTUROJ   NOVA
ELKOVO   DANĜERA
DETERMINO   SOVAĜA
SPACO   TERENO
EKSCITO   VOJAĜO

4 - Formes

```
K F R A N D O J L X C O N C
P P C N R G G B V I Q C D I
R L P G W K U B O K N Q D R
M N I U A B O V A L A I L K
K K R L P O L I G O N O O L
O U A O H I P E R B O L O O
N R M P G S L M G M F D G C
U B I O I E F L A N K O Q I
S O D P Q R M E L I P S O L
O K O Y K V A D R A T O N I
P R I S M O W X Z O E G W N
D D S R E C T A N G U L O D
T R I A N G U L O T F C F R
G A Y P C A N L P F K D M O
```

ARKO	ELIPSO
RANDOJ	HIPERBOLO
KVADRATO	LINIO
CIRKLO	OVALA
ANGULO	POLIGONO
KURBO	PRISMO
KONUSO	PIRAMIDO
FLANKO	RECTANGULO
KUBO	SFERO
CILINDRO	TRIANGULO

5 - Adjectifs #1

```
V A M S G E D M O D E R N A
Q L A E R A K H A K T I V A
A L L N A R P Z I X V R L H
U O D K N O E M O D B G C O
M G I U D M R A I T G R T N
A A K L E A F L B D A P S E
P B A P G J E R S W E U O S
E U S A A C K A X G F N U T
Z S B O V Z T P B E L A T O
A R W B L S A I E Z I O C A
G D J K J U O D F N C W W R
M G A U U B T A B L N H T T
Q L Q J N R M A L A V A R A
G R A V A M B I C I A Q S S
```

ABSOLUTA	HONESTO
AKTIVA	IDENTA
AMBICIA	GRAVA
AROMAJ	SENKULPA
ARTA	JUNA
ALLOGA	MALRAPIDA
BELA	PEZA
EKZOTA	MALDIKA
GRANDEGA	MODERNA
MALAVARA	PERFEKTA

6 - Instruments de Musique

```
H A R M O N I K O Y V F S L
I J J C F O V I O L O N O F
T A M B U R I N O J P F Z A
M A N D O L I N O U Y L M G
U O H K Q E B T A M B U R O
Y L Z A J C A R H E Z T T T
G I T A R O N U P O N O B O
O D D H S P J M I B B Y F E
N J O I W Z O P A N O O V G
G C S N Q J F E N S C W J W
I X O B V C F T O I E W G O
V J X S A K S O F O N O K F
T R O M B O N O G K Q H R C
K L A R N E T O K F J U Q B
```

BANJO	MANDOLINO
FAGOTO	PIANO
KLARNETO	SAKSOFONO
FLUTO	TAMBURO
GONG	TAMBURINO
GITARO	TROMBONO
HARMONIKO	TRUMPETO
HARPO	VIOLONO
HOBOJO	

7 - Échecs

```
W  T  J  H  T  P  U  N  K  T  O  J  C  L
R  E  G  U  L  O  J  J  D  K  E  V  F  U
L  E  V  G  A  E  K  A  H  A  W  M  H  D
O  U  Ĝ  Q  T  Z  G  I  S  S  E  B  P  O
Ĉ  K  D  I  A  G  O  N  A  L  A  L  A  O
A  O  E  A  N  G  X  O  J  K  Y  A  S  T
M  N  L  G  N  O  P  F  K  Z  D  N  I  U
P  K  F  U  K  T  K  E  Z  F  B  K  V  R
I  U  C  V  J  X  O  R  E  Ĝ  O  A  A  N
O  R  Q  D  G  I  U  O  A  M  I  H  L  O
N  S  S  T  R  A  T  E  G  I  O  X  W  X
O  O  N  I  Q  O  U  D  C  N  I  G  R  A
K  O  N  T  R  A  Ŭ  U  L  O  W  V  M  S
F  K  B  X  P  W  R  A  S  H  X  V  U  Z
```

KONTRAŬULO	PUNKTOJ
BLANKA	REĜINO
ĈAMPIONO	REGULOJ
KONKURSO	REĜO
DIAGONALA	OFERO
LUDO	STRATEGIO
LUDANTO	TEMPO
NIGRA	TURNO
PASIVA	

8 - Herboristerie

```
Q V B Q F E N K O L O T H K
Q Y S X F R H V A D E H J Z
K U T I L A P A J R P J F M
L A V E N D O L L I W M B E
T I M I A N O I O T X H G N
K A V E R D A T I C S A F T
F U R O M E R O F L O R O O
O B L R P E T R O S E L O Z
S Q O I A P I U B A Z I L O
E E J P N G V A H F J P E U
G U S T O A O Ĝ A R D E N O
A R O M A J R N W A X L C H
H K X D F L E A C N Q R O Z
B L E Q A M A R Ĝ O R O M O
```

AJLO	MARĜOROMO
AROMAJ	MENTO
BAZILO	PETROSELO
UTILA	KVALITO
KULINARA	ROMERO
TARRAGON	SAFRANO
FENKOLO	GUSTO
FLORO	TIMIANO
ĜARDENO	VERDA
LAVENDO	

9 - Véhicules

```
G X V E T N P X S N Z B T S
K F K C C I N W F M K I A K
P R A M O M E T R O O C K O
U A M B Q O Ŭ V K Q I I S T
H K I A Ŭ T O Q O R K K I E
B E O J M O J C M G V L O R
G T N E S R Y A C F L O S O
T O O Z G O K A R A V A N O
P R H E L I K O P T E R O S
B R A S U B M A R Ŝ I P O H
L U I C A M B U L A N C O K
G D S M T B O A T O U B O G
S T C O O O A V I A D I L O
Q J X U X S R O K Z A G C D
```

AMBULANCO	MOTORO
AVIADILO	PRAMO
BOATO	PNEŬOJ
BUSO	FLOSO
KAMIONO	SKOTERO
KARAVANO	SUBMARŜIPO
PRIMO	TAKSIO
RAKETO	TRACTOR
HELIKOPTERO	BICIKLO
METROO	AŬTO

10 - Camping

```
L L A G O Ĉ M O N T O A N B
A A G D E L A I R L U B A E
R Ŝ N U R O P P U U U G T J
B C M T K N O Z E X H S U B
A O B E E L L K P L E P R E
R O Q N O R U E U U O Ĉ O S
O R E D Q R N K R N I A O T
L H Z O D Y Z O E O N S F O
V A G E K I P A Ĵ O S A C J
X M X G Y A Y J H P E D Z F
K A B A N O N L I M K O I C
N K A V E N T U R O T X W H
D O F A J R O N O Z O N M G
K O M P A S O Q O S C D L M
```

BESTOJ	FAJRO
AVENTURO	ARBARO
KOMPASO	HAMAKO
KABANO	INSEKTO
KANUO	LAGO
MAPO	LANTERNO
ĈAPELO	LUNO
ĈASADO	MONTO
ŜNURO	NATURO
EKIPAĴO	TENDO

11 - Conservation

```
A  K  V  O  R  G  A  N  I  K  A  C  F  U
E  X  K  Z  K  B  E  S  A  N  O  I  P  T
P  G  P  M  Q  C  B  K  M  T  B  C  I  D
V  O  L  O  N  T  U  L  O  E  U  O  M  M
E  R  L  T  O  B  H  I  Y  D  D  R  H  E
R  O  I  U  D  F  R  M  W  U  A  E  A  D
D  I  R  I  O  F  U  A  X  K  Ŭ  D  B  I
A  P  D  Z  Q  W  Q  T  H  O  R  U  I  A
M  S  Q  V  A  M  K  O  Y  U  I  K  T  P
G  B  Q  D  C  O  W  C  N  A  G  T  A  Q
A  I  C  N  E  X  C  Z  I  Y  E  I  T  L
P  E  S  T  I  C  I  D  O  K  B  J  O  V
E  K  O  S  I  S  T  E  M  A  L  O  Y  U
V  N  Q  N  I  U  A  S  Y  M  A  O  Z  U
```

VOLONTULO	HABITATO
KLIMATO	NATURA
CIKLO	ORGANIKA
DAŬRIGEBLA	PESTICIDO
AKVO	POLUO
MEDIA	REDUKTI
EKOSISTEMA	SANO
EDUKO	VERDA

12 - Écologie

```
N M D Q D X H L P V F V C W
A O A U I M G O E A L I K D
T N Ŭ H V V A E G R O V N V
U T R H E A V R Q I R I C O
R O I K R A E I A O A H H L
A J G O S S S M S F A Ŭ N O
J Z E M E R V E N P E R K N
L I B U C U B D H E E B M T
S S L N O L Z O T B L C V U
E H A U G L R J Y C S F I L
K L I M A T O N A T U R O O
E X F O M A R Ĉ O R P C X J
C L X J P L A N T O J Q E I
O G H A B I T A T O G L U V
```

VOLONTULOJ	MARĈO
KLIMATO	MARA
KOMUNUMOJ	MONTOJ
DIVERSECO	NATURO
DAŬRIGEBLA	NATURA
SPECIO	PLANTOJ
FAŬNO	RIMEDOJ
FLORA	SEKECO
HABITATO	VARIO

13 - Astronomie

```
A S T E R O I D O M V J W O
F Z A S T R O N A Ŭ T O T B
L J P S U P E R N O V A O S
R V V A D K K N E B U L A E
H L T S H O V U J J M Z R R
P K C T X S I E Ĉ I E L O V
G L X R B M N K S R T U G A
V P A O O O O L U A E N A T
Z P W N Q I K I N K O O L O
T E R O E S S P A E R W A R
L B R M L D O S B T O T K I
E Y H O T F O O C O R D S O
R A D I A D O B K G S M I G
S I K O N S T E L A C I O C
```

ASTEROIDO
ASTRONAŬTO
ASTRONOMO
ĈIELO
KONSTELACIO
KOSMO
EKLIPSO
EKVINOKSO
RAKETO
GALAKSIO

LUNO
METEORO
NEBULA
OBSERVATORIO
PLANEDO
RADIADO
SUNA
SUPERNOVAO
TERO

14 - Types de Cheveux

```
J E S E K A K L Q V P B B N
I E F Q B R A I D E D L U I
W V D M A L L O N G A O K G
S I S S A N A C S W Y N L R
P X V A V L W V F B J D A A
M L L X U G D J D R X A B K
U O E R U R T I Z I G X L O
A N L K F I B U K L O J A L
I G V A T Z X X A A D C N O
E A E G P A T Y L G I A K R
B R U N A A Ĵ R V A K A A A
A R Ĝ E N T O O A K A P F J
S F U H R N G N J V W C A X
P Y Q T N O N M E H U M E D
```

ARĜENTO
BLANKA
BLONDA
BUKLOJ
BRILA
KALVA
KOLORAJ
MALLONGA
MOLA
DIKA

BUKLA
GRIZA
LONGA
BRUNA
MALDIKA
NIGRA
SANA
SEKA
PLEKTAĴOJ
BRAIDED

15 - Restaurant #1

```
X  I  K  U  I  R  E  J  O  S  U  R  O  C
P  A  N  O  V  Q  Y  F  X  N  A  K  X  Z
M  D  X  G  N  G  X  L  S  C  T  Ŭ  F  Q
K  A  F  O  R  M  K  Q  P  M  R  M  C  C
D  N  K  A  L  E  R  G  I  O  I  A  T  O
I  E  A  I  N  N  D  V  C  G  L  N  I  T
R  E  S  J  H  U  C  I  A  K  B  Ĝ  W  R
T  B  I  E  L  O  S  A  E  W  U  O  T  A
C  S  S  Y  R  P  O  N  Y  N  Ŝ  N  E  N
V  F  T  M  N  T  F  D  V  W  T  B  L  Ĉ
I  G  O  C  E  E  O  O  G  I  U  E  U  I
H  R  E  Z  E  R  V  A  D  O  K  J  J  L
K  O  K  I  D  O  K  Q  C  Z  O  B  O  O
K  E  L  N  E  R  I  N  O  B  O  V  L  O
```

ALERGIO	MENUO
BOVLO	MANĜO
KAFO	PANO
KASISTO	KOKIDO
TRANĈILO	REZERVADO
KUIREJO	SAŬCO
DESERTO	KELNERINO
SPICA	BUŜTUKO
INGREDIENTEJ	VIANDO

16 - Mammifères

```
Y W B K V B C P A D Z K W L
L B Q A U Z A E R Z K A U E
Y C C T L N W L C H A N R O
G Ĝ A O P E I P E U P G S N
V I R B O V O K A N G U O O
X R Ĉ S I M I O L D O R D T
P A Z E B R O J O O R U E I
B F M L V Y J O Ŝ K I O L G
Y O P E F A M T A K L H F R
E E G F N R L O F A O Q E O
N G Z A P K G O O Y T C N D
M Z Z N T A M E L U P O O N
N Q B T V N S H Y M H M N Y
I P K O J W J V U C P Q G E
```

BALENO	KUNIKLO
KATO	LEONO
ĈEVALO	LUPO
HUNDO	ŜAFO
KOJOTO	URSO
DELFENO	VULPO
ELEFANTO	SIMIO
ĜIRAFO	VIRBOVO
GORILO	TIGRO
KANGURUO	ZEBRO

17 - Sports

```
X  H  B  E  K  B  I  C  I  K  L  O  O  B
S  T  A  D  I  O  B  G  O  W  D  F  H  A
O  R  S  G  I  M  N  A  S  T  I  K  O  S
C  E  B  J  U  Q  M  H  H  L  K  G  L  K
J  J  A  T  L  E  T  O  W  N  P  A  U  E
G  N  L  F  U  M  T  E  A  M  O  J  D  T
L  I  O  L  C  Y  D  K  A  C  V  N  O  B
U  S  M  O  V  A  D  O  G  T  G  I  Q  A
D  T  K  N  N  T  Y  O  T  G  O  N  H  L
A  O  V  K  A  S  E  K  K  P  L  T  H  O
N  H  O  Z  O  Z  O  N  S  G  F  O  O  E
T  C  H  O  T  G  I  M  I  C  O  E  K  O
O  E  O  N  H  B  N  O  I  S  E  X  E  G
Ĉ  A  M  P  I  O  N  A  D  O  O  Z  O  D
```

ATLETO	GIMNASTIKO
BASBALO	HOKEO
BASKETBALO	LUDO
ĈAMPIONADO	LUDANTO
TREJNISTO	MOVADO
TEAMO	STADIO
GAJNINTO	TENISO
GOLFO	BICIKLO
GIMNAZIO	

18 - Chocolat

```
I G M A J Q K Ŝ A T A T A I
K K D K N N V A N C P I J B
G A M A R A A R T G U S T O
S G R K Y C L O I J L U K N
R U F A R Q I M O O V K A A
E B N O M Y T O X D O E L J
C N E Y K E O Z I R R R O H
E P I P L K L V D L O O R M
P A P I J Z O O A O I C I K
T I Y M G O A P N E L M O O
O B Z L C T G A T I M Ĉ J K
V N K H T A F N O P N B A O
T A R A K I D O J M D V C S
I N G R E D I E N C O A Z O
```

AMARA	EKZOTA
ANTIOXIDANTO	ŜATATA
AROMO	GUSTO
ARAKIDOJ	INGREDIENCO
KAKAO	KOKOSO
KALORIOJ	PULVORO
KARAMELO	KVALITO
BONAJ	RECEPTO
DOLĈA	SUKERO

19 - Mathématiques

```
P E M M N C D F C E P K P U
D A K R D H C R I K E V E S
E I R V R I K A R S R A R I
T E A A A K J K K P P D I M
D T P M L C T C O O E R M E
E J T U E E I I N N A E T
C O X L W T L O F E D T T R
I J L G A M R O E N I O R I
M S U M O J K O R T K I O O
A N G U L O J F E O U B M A
L J P O L I G O N O L F N H
A V O L U M O S C M A A C P
T R I A N G U L O T R E W U
P A R A L E L O G R A M O O
```

ANGULOJ
KVADRATO
CIRKONFERENCO
DECIMALA
DIAMETRO
EKSPONENTO
EKVACIO
FRAKCIO
PARALELO

PARALELOGRAMO
PERPENDIKULA
PERIMETRO
POLIGONO
SUMO
SIMETRIO
TRIANGULO
VOLUMO

20 - Mythologie

```
S  R  G  N  N  F  I  K  O  F  G  L  A  X
K  E  Ĵ  A  L  U  Z  O  L  M  O  R  T  A
V  E  N  Ĝ  O  L  A  N  E  I  K  R  E  O
K  J  H  M  V  M  R  D  G  L  Q  L  T  M
A  R  B  T  O  O  K  U  E  I  K  A  M  O
T  C  E  L  O  R  E  T  N  T  U  B  O  M
A  P  S  D  M  F  T  O  D  O  L  I  N  A
S  N  T  D  O  J  I  E  O  A  T  R  S  G
T  P  O  K  Q  J  P  C  C  M  U  I  T  I
R  T  O  N  D  R  O  L  M  O  R  N  R  A
O  H  E  R  O  O  N  L  H  O  O  T  O  X
F  J  S  S  J  Z  X  B  H  S  M  O  P  D
O  Y  F  Z  F  A  T  A  Q  L  O  T  F  A
L  L  X  U  X  N  L  H  U  T  P  X  W  Z
```

ARKETIPO	HEROO
KATASTROFO	SENMORTECO
KONDUTO	ĴALUZO
KREO	LABIRINTO
BESTO	LEGENDO
KREDOJ	MAGIA
KULTURO	MONSTRO
FULMO	MORTA
FORTO	TONDRO
MILITO	VENĜO

21 - Restaurant #2

```
B W S B F P A K G F T D H E
C M E T O R F Y Y T B V X B
J V Ĝ S R L U K E L N E R O
Y G O R K O A K D Y Q S M N
K L G H O V O J T Z T P X A
U A T A G M A N Ĝ O Z E L J
L C R K Z Z J F M W V R S E
E I I V L F G I X T H M L G
R O N O K E E Ŝ B A S A L O
O Q K I F U G O U F P N S R
X B A P L O K O R A E Ĝ T R
Q K Ĵ S U P O O M Q C O S Z
M V O S A L A T O O O O S N
R Z V Z Q P A T Y G J K D E
```

TRINKAĴO	KUKO
SEĜO	GLACIO
KULERO	LEGOMOJ
TAGMANĜO	OVOJ
BONAJ	FIŜO
VESPERMANĜO	SALATO
AKVO	SALO
SPECOJ	KELNERO
FORKO	SUPO
FRUKTO	

22 - Couleurs

```
C H K H U R A B F D N U A S
F L A V A I A E G N O C Q X
L P A C I V L P U R P U R A
A F P Y D E C A X M U T X E
V E R D A C H N Z N O Ĝ E F
G R I Z A W E J I U W V A U
R C C E J A N A Q G R F R C
I B R U N A I C U B R O O H
Z L C W M H V N X L V A Z S
A U W S E P I O R A N Ĝ O I
R A Q V Z X G W D N R T R O
W G G L Z B E Q N K L D C Q
H P R L A K Y Q V A D B W A
S T R N L K A Z R F O Z A M
```

LAZURO	BRUNA
FLAVGRIZA	NIGRA
BLANKA	ORANĜO
BLUA	ROZO
CEJANA	RUĜA
FUCHSIO	SEPIO
GRIZA	VERDA
FLAVA	PURPURA

23 - Avions

```
W  S  K  D  J  F  D  A  Q  H  L  C  O  A
W  N  K  J  I  U  E  D  Ĉ  I  Y  L  P  L
K  W  S  I  O  E  V  N  I  D  Ŝ  O  R  T
C  E  X  Z  P  L  E  A  E  R  V  Z  H  E
Z  I  V  Y  B  O  N  T  L  O  E  C  I  C
A  E  R  O  A  W  O  M  O  G  L  K  S  O
L  C  J  M  L  S  M  O  S  E  I  O  T  L
T  A  H  L  O  B  O  S  S  N  G  N  O  O
O  M  W  P  N  T  L  F  T  O  A  S  R  S
Y  S  B  G  O  P  O  E  T  O  S  T  I  I
P  I  L  O  T  O  E  R  X  M  V  R  O  Z
P  A  S  A  Ĝ  E  R  O  O  U  C  U  V  G
T  X  L  A  V  E  N  T  U  R  O  O  C  K
S  U  R  T  E  R  I  Ĝ  O  C  J  G  B  Q
```

AERO	DIREKTO
ALTECO	SKIPO
ATMOSFERO	ŜVELIGAS
SURTERIĜO	ALTO
AVENTURO	HISTORIO
BALONO	HIDROGENO
FUELO	MOTORO
ĈIELO	PASAĜERO
KONSTRUO	PILOTO
DEVENO	

24 - Aventure

```
J  I  Q  B  N  D  P  U  Z  H  E  A  A  P
O  O  K  O  A  I  E  C  Y  T  R  M  K  R
N  O  Y  S  T  M  X  S  J  Q  Q  I  T  E
V  E  U  E  U  M  Ŝ  A  T  D  F  K  I  P
E  K  K  K  R  M  A  N  E  I  N  O  V  A
N  S  S  U  O  U  N  A  W  F  N  J  E  R
T  K  D  R  T  E  C  V  I  I  M  O  C  O
U  U  A  E  V  I  O  I  S  C  B  N  O  V
Z  R  N  C  C  T  M  G  O  U  J  G  L  O
I  S  Ĝ  O  S  I  W  A  L  L  Ĝ  N  C  J
A  O  E  R  D  N  Y  D  L  T  P  O  A  A
S  B  R  U  Q  E  D  O  H  O  L  X  J  Ĝ
M  K  A  N  Y  R  B  E  L  E  C  O  E  O
O  K  B  L  N  O  B  R  A  V  O  P  V  J
```

AKTIVECO	NEKUTIMA
AMIKOJ	ITINERO
BELECO	ĜOJO
BRAVO	NATURO
ŜANCO	NAVIGADO
DANĜERA	NOVA
DESTINO	PREPARO
DIFICULTO	SEKURECO
ENTUZIASMO	VOJAĜOJ
EKSKURSO	

25 - Ville

```
S  A  Y  I  E  E  L  W  N  F  S  G  B  L
U  O  P  H  O  T  E  L  O  L  T  M  I  L
P  P  A  O  O  S  O  E  Z  U  A  U  B  B
E  F  X  S  T  L  X  Z  Y  G  D  Z  L  R
R  L  N  X  Y  E  E  P  K  H  I  E  I  R
B  O  B  V  Z  A  K  R  I  A  O  O  O  E
A  R  L  T  L  V  W  O  N  V  O  P  T  S
Z  I  V  B  A  K  E  J  O  E  K  L  E  T
A  S  G  A  L  E  R  O  Y  N  J  E  K  O
R  T  T  E  A  T  R  O  P  O  Z  O  O  R
O  O  B  A  N  K  O  K  R  V  O  M  E  A
U  N  I  V  E  R  S  I  T  A  T  O  Z  C
M  E  R  K  A  T  O  K  M  K  N  N  S  I
K  L  I  N  I  K  O  L  I  B  R  E  J  O
```

FLUGHAVENO	LIBREJO
BANKO	MERKATO
BIBLIOTEKO	MUZEO
BAKEJO	APOTEKO
KINO	RESTORACIO
KLINIKO	STADIO
LERNEJO	SUPERBAZARO
FLORISTO	TEATRO
GALERO	UNIVERSITATO
HOTELO	ZOO

26 - Cuisine

```
S  J  T  A  S  O  J  G  C  Z  N  B  Q  F
P  E  R  E  K  A  L  D  R  O  N  O  O  R
E  H  A  S  R  B  S  B  F  P  K  B  G  O
C  H  N  A  U  R  O  P  U  L  N  C  R  S
O  H  Ĉ  V  Ĉ  T  A  V  O  Ŝ  C  Y  I  T
J  I  I  F  O  R  N  O  L  N  T  O  L  U
K  Ĉ  L  F  Z  Z  T  T  S  O  G  U  O  J
U  E  O  O  L  H  A  M  L  W  W  O  K  O
L  R  J  R  S  N  Ŭ  M  A  N  Ĝ  O  P  O
E  P  R  K  V  W  T  F  R  I  D  U  J  O
R  I  B  O  I  C  U  R  E  C  E  P  T  O
O  L  L  J  H  P  K  P  N  J  H  O  H  T
J  O  V  A  Z  O  O  G  T  H  H  W  U  R
C  H  O  P  S  T  I  C  K  S  B  Q  Y  Z
```

CHOPSTICKS	FORKOJ
BOVLO	GRILO
KALDRONO	ĈERPILO
FROSTUJO	MANĜO
TRANĈILOJ	VAZO
KRUĈO	RECEPTO
KULEROJ	FRIDUJO
SPECOJ	BUŜTUKO
SPONGO	ANTAŬTUKO
FORNO	TASOJ

27 - Corps Humain

```
N G V U I I F C G D W G I P
B A D C T M J I E Y C K H Z
D R Z V N H J W N W C L Y Ŝ
U X F O R E L O U G E I B U
K O L O H A T O O R R P F L
S O M A K Z E L O P B O O T
A H R Z Q P L S W X O J G R
N S T O M A K O N B U Ŝ O O
G D O R A K A P O M R G Z X
O Z W W L U Z M H A Q S C E
X Z R P E B X M E N T O N O
Y L M O O U H E S O Z C M I
V F G U L T V I Z A Ĝ O Y V
Z Y S L O O L R U W Q X U R
```

BUŜO	LIPOJ
CERBO	MANO
MALEOLO	MAKZELO
KOLO	MENTONO
KUBUTO	NAZO
KORO	ORELO
FINGRO	SANGO
STOMAKO	KAPO
ŜULTRO	VIZAĜO
GENUO	

28 - Épices

```
G H D H A J L O K R I V R A
N V S V K M V L T A J A W C
C I N A M O A G T U D D F I
G N X X A C A R D A M O M D
L L V A N I L O A A G Q P A
Q H I S A F R A N O N G I F
F E N K O L O N W P K B P E
C V U K O R I A N D R O R N
U Z T E O R K U M I N O O U
R K M G G Z I N G I B R O G
R M E C U P O C A N I Z O R
Y O G A B S Q E O M G Y Z O
N S A L O L T P N F S J T K
V Z Z D E K D O P N C P V O
```

ACIDA	FENUGROKO
AJLO	ZINGIBRO
AMARA	NUTMEG
ANIZO	CEPO
CINAMO	PIPRO
CARDAMOM	GLIKORICO
KORIANDRO	SAFRANO
KUMINO	GUSTO
CURRY	SALO
FENKOLO	VANILO

29 - Science

```
F  W  Q  F  M  E  F  K  I  O  N  O  M  A
Q  I  B  K  O  V  A  L  F  B  Y  R  I  L
B  V  Z  Q  L  O  K  I  J  S  Q  G  N  A
F  E  D  I  E  L  T  M  A  E  H  A  E  B
B  V  L  X  K  U  O  A  T  R  I  N  R  O
J  R  F  K  U  O  K  T  O  V  P  I  A  R
E  R  O  J  L  F  E  O  M  O  O  S  L  A
H  I  P  B  O  R  M  X  O  J  T  M  O  T
D  F  H  W  J  Q  I  A  O  H  E  O  J  O
L  A  R  G  H  T  K  Z  I  D  Z  C  L  R
S  N  T  Q  O  F  O  S  I  L  O  I  A  I
N  A  T  U  R  O  G  R  A  V  I  T  O  O
L  B  Q  U  M  M  E  T  O  D  O  Y  Y  W
V  C  O  M  Q  O  V  L  C  D  R  D  Q  D
```

ATOMO	LABORATORIO
KEMIKO	METODO
KLIMATO	MINERALOJ
DATUMO	MOLEKULOJ
EVOLUO	NATURO
FAKTO	OBSERVO
FOSILO	ORGANISMO
GRAVITO	EROJ
HIPOTEZO	FIZIKO

30 - Chats

```
H  A  I  B  O  T  T  I  M  I  T  A  M  M
I  U  V  C  F  R  E  N  E  Z  A  P  U  U
G  S  O  V  A  Ĝ  A  K  L  A  T  P  S  S
Ĉ  A  S  I  S  T  O  H  S  R  L  E  E  O
S  D  T  F  E  L  T  O  W  A  O  R  T  Q
L  E  O  D  X  L  M  Q  B  P  Ĵ  S  A  B
K  Y  N  P  A  W  U  X  R  I  W  O  H  D
K  V  L  D  O  U  G  D  O  D  K  N  A  O
U  X  R  R  E  C  J  Q  E  E  O  E  U  R
R  W  O  G  K  P  T  H  U  M  Z  C  N  M
I  Y  X  R  U  G  E  E  G  J  A  O  G  I
O  V  G  V  W  K  J  N  C  G  L  E  E  Q
Z  Z  X  U  E  R  B  M  D  T  L  E  G  U
A  M  U  Z  A  X  Q  Z  X  A  U  J  O  E
```

ĈASISTO	SENDEPENDA
KURIOZA	PAW
DORMI	PERSONECO
AMUZA	ETA
LUDEMA	VOSTO
TEKSAĴO	RAPIDE
FRENEZA	SOVAĜA
FELTO	MUSO
UNGEGO	TIMITA

31 - Vêtements

```
H  K  Q  V  S  A  N  D  A  L  O  J  S  I
M  O  D  O  E  Ĉ  E  M  I  Z  O  A  E  X
X  L  O  H  M  S  O  Y  U  W  E  K  V  L
E  I  I  S  T  A  T  C  J  U  P  O  E  H
I  E  W  V  C  N  N  O  U  S  F  C  T  B
J  R  Ŝ  U  O  T  E  T  V  K  G  U  E  R
E  O  V  E  E  A  K  U  E  U  C  T  R  A
A  Q  J  L  P  Ŭ  I  S  L  L  X  X  B  C
B  J  C  I  I  T  Z  N  O  O  O  P  L  E
D  T  M  L  Ĵ  U  B  F  J  P  N  Z  U  L
K  I  X  S  A  K  Ĉ  A  P  E  L  O  Z  E
C  S  Q  F  M  O  Z  Y  P  K  C  N  O  T
O  J  Z  R  O  P  A  N  T  A  L  O  N  O
D  S  J  G  A  N  T  O  J  A  W  J  L  Y
```

JUVELOJ	JUPO
BRACELETO	MANTELO
ZONO	MODO
ĈAPELO	PANTALONO
ŜUO	SEVETER
ĈEMIZO	PIĴAMO
BLUZO	VESTO
KOLIERO	SANDALOJ
SKULO	ANTAŬTUKO
GANTOJ	JAKO

32 - Arts Visuels

```
P P O R T R E T O B J J F S
I E S K U L P T A Ĵ O X I Y
P A R K I T E K T U R O L O
K E T S X P A R G I L O M E
K O N I P T L Z H C K M O S
C X Q T Z E D U L S R M M T
T N G Ŝ R M K R M H E A A A
K R E A V O R T E O T K R B
D M T B C N A S I B O A T L
T J F L V G J R V V Y R I O
X Y K O M P O N A D O B S J
X K B N S I N K K M U O T M
V S U A U P O M S I Y U O D
C E R A M I K O O I V W V C
```

ARKITEKTURO	KRAJONO
ARGILO	KREAVO
ARTISTO	FILMO
CERAMIKO	PENTRO
KARBO	PERSPEKTIVO
ESTABLO	ŜABLONA
VAKSO	PORTRETO
KOMPONADO	SKULPTAĴO
KRETO	PLUMO

33 - Méditation

```
M  U  Z  I  K  O  O  Z  U  S  A  P  T  T
C  E  F  I  D  H  B  B  G  X  K  E  K  R
M  E  N  S  O  Z  S  H  F  X  C  R  L  A
R  P  Q  S  A  T  E  N  T  U  E  S  A  N
U  G  K  P  X  C  R  A  R  H  P  P  R  K
M  E  N  T  A  R  V  T  Q  I  T  E  E  V
W  E  S  Y  J  C  O  U  T  T  O  K  C  I
K  O  M  P  A  T  O  R  O  D  A  T  O  L
K  U  T  I  M  O  J  O  G  A  S  I  I  E
P  H  S  P  I  R  A  D  O  N  Y  V  O  F
H  S  M  O  V  A  D  O  D  K  D  O  J  C
S  I  L  E  N  T  O  E  M  O  C  I  O  J
X  U  B  G  C  Q  B  S  I  N  T  E  N  O
M  A  L  D  O  R  M  A  S  L  D  G  H  R
```

AKCEPTO	MENTA
ATENTU	MOVADO
TRANKVILE	MUZIKO
KLARECO	NATURO
KOMPATO	OBSERVO
MENSO	PACO
EMOCIOJ	PERSPEKTIVO
MALDORMA	SINTENO
DANKON	SPIRADO
KUTIMOJ	SILENTO

34 - Littérature

```
P W R K N D S D F Y R I M O
S Z O O O R T A I H P U Q E
A T M M D A I D K A X C P Q
R Q A P P N L E C Z L I E F
A P N A O A O R I T M O I L
K N O R E L T I O X A H G S
O J E O M I T E M O N S X O
N A O K O Z H I B H A N M P
T Ŭ C L D O K O N K L U D O
A T L X X O Z O V A O Q N E
N O V I F F T B X X G E J Z
T R C I U O F O L R I F M I
O O B I O G R A F I O M E A
M E T A F O R O V Y N Y P W
```

ANALOGIO	METAFORO
ANALIZO	RAKONTANTO
ANEKDOTO	POEMO
AŬTORO	POEZIA
BIOGRAFIO	RIMO
KOMPARO	ROMANO
KONKLUDO	RITMO
DIALOGO	STILO
FIKCIO	TEMO

35 - Nourriture #1

```
H C S C E P O R N V K K O O
O I U U J V W A D L A K T O
R N P F K U U P B J F B S W
D A O S D O M O A X O L M C
E M X F R A G O Z L R U D I
O O I G L W K C I T R O N O
Y I Q R I S F S L B S L H G
S U K E R O T P O K B U F Z
Y S F C X Y V I V L P H T A
H H C Y Z M I N N M X I F J
K A R O T O A A Q U E E R L
S N X B L A N C W U S A L O
L W F N B W D O D H A O E Z
S A L A T O O H N P B W M B
```

AJLO	RAPO
BAZILO	CEPO
KAFO	HORDEO
CINAMO	PIRO
KAROTO	SALATO
CITRONO	SALO
SPINACO	SUPO
FRAGO	SUKERO
SUKO	TINUSO
LAKTO	VIANDO

36 - Jours et Mois

```
V G S K G I H Ĵ D M N L O C
U G A E R A M A R T O U I R
I Y F F P S Y Ŭ U S V N T X
B T E F Q T U D W F E D O T
K N B T B M E O C A M O U D
A P R I L O O M Y J B B E K
Y J U N I O U N B V R J S A
H J A N U A R O A R O U M L
M E R K R E D O K T O L A E
H I O P C O D F O T O I R N
A Ŭ G U S T O T O Y O O D D
S A B A T O N X R T B B O A
S E M A J N O U Q H D D R R
L F N J R V D D I M A N Ĉ O
```

AŬGUSTO	MARDO
APRILO	MARTO
KALENDARO	MERKREDO
DIMANĈO	MONATO
FEBRUARO	NOVEMBRO
JANUARO	OKTOBRO
ĴAŬDO	SABATO
JULIO	SEMAJNO
JUNIO	SEPTEMBRO
LUNDO	

37 - Championnat

```
S  P  O  R  T  O  J  H  M  C  U  E  W  V
K  U  V  Ĉ  E  N  O  U  E  F  N  Q  V  F
H  M  Y  A  A  I  L  U  D  O  J  J  E  R
L  O  B  U  M  M  Y  J  A  A  M  O  N  N
C  P  C  W  O  N  P  M  L  I  G  O  K  F
J  U  Ĝ  I  S  T  O  I  O  A  S  Q  O  I
B  M  Q  Ĉ  S  R  G  Z  O  T  D  J  B  N
S  T  R  A  T  E  G  I  O  N  B  I  X  A
P  N  B  M  B  J  W  E  B  I  A  X  V  L
I  X  Q  P  T  N  A  G  A  D  O  D  N  I
R  B  B  I  P  I  J  Q  Y  O  I  B  O  S
A  K  L  O  F  S  K  P  H  V  R  S  F  T
D  V  I  N  S  T  I  G  O  D  C  J  V  O
O  U  C  O  C  O  T  U  R  N  O  F  I  P
```

ĈAMPIONO	MEDALO
ĈAMPIONADO	INSTIGO
TREJNISTO	AGADO
TEAMO	SPORTOJ
FINALISTO	STRATEGIO
LUDOJ	TURNO
JUĜISTO	SPIRADO
LIGO	VENKO

38 - Pirates

```
S  K  H  A  F  P  Q  P  O  T  G  E  E  J
I  A  R  Q  L  G  N  A  C  V  L  R  M  T
U  P  F  D  A  U  X  P  E  J  A  M  Q  R
O  I  W  C  G  B  K  A  A  A  V  M  I  E
M  T  B  A  O  Q  J  G  N  N  O  G  P  Z
I  A  O  X  Q  X  O  O  O  S  K  I  P  O
X  N  L  K  A  V  E  R  N  O  S  R  Z  R
M  O  S  B  J  H  D  O  N  V  L  O  O  O
H  O  F  U  O  L  E  G  E  N  D  O  L  G
I  Q  M  R  L  N  D  A  N  Ĝ  E  R  O  T
P  L  A  Ĝ  O  O  A  M  O  N  E  R  O  J
K  X  W  O  C  I  K  A  T  R  O  U  E  Q
Z  Z  O  R  M  Q  C  P  P  O  J  M  J  S
A  V  E  N  T  U  R  O  Y  G  S  O  C  J
```

ANKRO	INSULO
AVENTURO	LEGENDO
KAPITANO	MALBONA
MAPO	OCEANO
CIKATRO	ORO
DANĜERO	PAPAGO
FLAGO	MONEROJ
GLAVO	PLAĜO
SKIPO	RUMO
KAVERNO	TREZORO

39 - Activités

```
C  G  P  H  P  N  P  X  M  G  I  T  L  A
E  Q  E  A  K  T  I  V  E  C  O  E  I  G
R  P  L  E  Z  U  R  O  T  Y  P  N  B  H
A  W  Ĉ  A  S  A  D  O  I  Y  E  D  E  K
M  F  O  T  O  Ĝ  L  X  O  Y  N  U  R  U
I  I  I  Y  B  L  A  T  J  N  T  M  T  D
K  N  Z  Ŝ  V  E  F  R  I  I  R  A  E  R
O  T  S  F  K  G  V  H  D  G  O  D  M  I
L  E  R  T  O  A  R  D  F  E  A  O  P  U
R  R  M  O  T  D  P  E  I  N  N  N  O  P
O  E  O  N  R  O  K  T  U  R  B  A  T  Z
H  S  A  R  T  O  O  R  A  X  D  Z  D  A
L  O  K  M  A  G  I  O  V  D  X  O  J  O
O  J  J  L  L  U  D  O  J  G  O  C  M  D
```

AKTIVECO
ARTO
METIOJ
TENDUMADO
CERAMIKO
ĈASADO
LERTO
KUDRI
INTERESOJ
ĜARDENADO

LUDOJ
LEGADO
LIBERTEMPO
MAGIO
PENTRO
FIŜKAPTADO
FOTO
PLEZURO
ALTIGANTA

40 - Fleurs

```
S U N F L O R O R H L B C A
I P W P R N H K R C I U G O
R H E P G F J Y O K C K A L
I I X T J B E G Z Y I E R L
N B P U A A G K O P A D D L
G I P L T L S L I L I O E B
O S A I R E O M P I R U N O
J K P P I K S N E T I A I Q
F O A O F A R Y F N W M A B
U B V R O N P K M F O I N Q
Z C O E L T P E O N I O K P
D S M E I O M A G N O L I A
V A E W O L A V E N D O J B
B E I U S K B L H L Y C Q T
```

BUKEDO	ORKIDEO
GARDENIA	PAPAVO
HIBISKO	PETALO
JASMENO	PEONIO
LAVENDO	ROZO
SIRINGO	SUNFLORO
LILIO	TRIFOLIO
MAGNOLIA	TULIPO
LEKANTO	

41 - Nourriture #2

```
Ĉ  Ŝ  I  N  K  O  K  W  S  F  V  V  Q  I
E  H  I  N  N  Y  B  Y  P  K  I  V  O  P
R  W  E  Q  S  P  S  I  W  L  N  Ŝ  V  P
I  V  P  Z  P  A  S  C  I  F  B  D  O  G
Z  T  W  E  L  J  Q  E  Ĉ  O  E  M  H  J
O  T  O  M  A  T  O  L  O  M  R  I  Q  G
B  R  O  K  O  L  O  E  K  E  O  T  M  X
A  I  G  O  O  F  F  R  O  L  Y  Q  K  F
N  T  H  F  A  K  J  I  L  A  P  A  N  O
A  I  O  P  Z  E  I  O  A  N  R  O  F  W
N  K  J  Q  Q  D  V  D  D  Z  I  P  M  U
O  O  G  I  I  R  V  W  O  O  Z  S  V  O
M  I  G  D  A  L  O  V  A  X  O  Q  H  B
T  X  G  F  U  N  G  O  M  A  N  G  O  H
```

MIGDALO	KIVO
MELANZO	MANGO
BANANO	OVO
TRITIKO	PANO
BROKOLO	FIŜO
ĈERIZO	POMO
CELERIO	KOKIDO
FUNGO	VINBERO
ĈOKOLADO	RIZO
ŜINKO	TOMATO

42 - Océan

```
E  H  J  J  D  O  S  T  R  O  E  S  S  V
W  I  E  Q  X  C  S  I  V  I  A  Ŝ  A  M
F  P  I  O  C  Z  U  N  R  R  F  T  L  H
S  V  P  J  N  T  G  U  M  K  I  O  O  C
T  K  O  R  A  L  O  S  Ŝ  R  Ŝ  R  N  M
S  A  L  I  K  O  K  O  B  A  O  M  Y  E
T  P  P  C  T  G  D  B  W  B  R  O  D  D
E  Y  O  U  B  C  E  O  B  O  O  K  H  U
S  A  Q  N  R  S  L  A  N  G  I  L  O  Z
T  L  Y  F  G  B  F  T  B  A  L  E  N  O
U  G  I  Y  S  O  E  O  X  R  B  P  D  J
D  O  X  Y  V  H  N  R  K  S  S  L  O  D
O  K  L  O  U  R  O  K  S  P  W  Y  J  S
N  L  Q  J  G  D  V  X  V  U  L  Y  D  R
```

ALGO	MEDUZOJ
ANGILO	FIŜO
BALENO	POLPO
BOATO	ŜARKO
KORALO	RIFO
KRABO	SALO
SALIKOKO	ŜTORMO
DELFENO	TINUSO
SPONGO	TESTUDO
OSTRO	ONDOJ

43 - Remplir

```
S L N W Z T L B B K G P B K
A C J Y K O U K A R T O N O
K E S T O H S B F S T Ŝ S V
O F F J R D I O O D E O O E
G I Y K B M T T W O U N Y R
E T P C O I E E N S Q R O T
V A L I Z O L L A I R S F O
P A K E T O O O S E Z G Y V
F X I P U I T T B R V A Z O
N G Z X P N T O A U X K M O
K S E T E J K Z R J Z P X R
Q X Y T C N Z W E O J V Z G
E P M V P C H B L C L I X L
K D Y T P L A T O O O B Z N
```

BARELO
BASENO
BOTELO
KARTONO
DOSIERUJO
KOVERTO
KORBO
PAKETO

PLATO
POŜO
SAKO
SITELO
KESTO
TUBO
VALIZO
VAZO

44 - Ballet

```
T E K N I K O S D P Z H S Y
Q J O M B S Y T A H M G P V
B G R A C I A I N R O N E Z
N E P F I B G L C Z R I K A
E S P R I M A O I L K I T K
P T V R N C Q G S C E C A O
R O P R O V O V T X S R N M
A P L A Ŭ D O J O D T Z T P
K I T I A Q R M J A R T A O
T P S R U K J L U P O M R N
I K L I K E V D O Z O P O I
K I N T E N S E C O I E P S
O F R M U S K O L O J K A T
W R K O R E G R A F I O O O
```

APLAŬDOJ MUSKOLOJ
ARTA MUZIKO
KOREGRAFIO ORKESTRO
LERTO PRAKTIKO
KOMPONISTO SPEKTANTARO
DANCISTOJ PROVO
ESPRIMA RITMO
GESTO STILO
GRACIA TEKNIKO
INTENSECO

45 - Fruit

```
P  W  H  Q  I  V  S  W  D  J  A  R  A  D
Y  G  J  T  G  B  U  D  U  B  N  Ĉ  B  D
X  T  M  T  N  D  E  Z  Y  A  A  E  R  V
X  K  S  W  P  O  M  O  G  N  N  R  I  C
C  I  T  R  O  N  O  D  I  A  A  I  K  S
B  V  C  G  E  E  B  P  B  N  S  Z  O  V
U  J  A  A  H  K  L  F  E  O  O  O  T  I
G  R  J  V  C  T  T  S  R  R  J  A  O  N
H  U  N  O  R  A  N  Ĝ  O  S  S  F  L  B
O  R  V  K  X  R  Q  M  F  U  U  I  U  E
C  G  L  A  V  I  P  A  P  A  J  O  K  R
P  M  C  D  V  N  I  N  F  I  G  O  I  O
M  E  L  O  N  O  R  G  N  Y  X  V  V  Q
F  R  A  M  B  O  O  O  C  P  U  F  O  M
```

ABRIKOTO	KIVO
ANANASO	MANGO
AVOKADO	MELONO
BERO	NEKTARINO
BANANO	ORANĜO
ĈERIZO	PAPAJO
CITRONO	PERSIKO
FIGO	PIRO
FRAMBO	POMO
GUVAVO	VINBERO

46 - Surf

```
P E O N A R U F Ŝ A Ŭ M O U
O B T A P R N G O L K G X R
P J R H E I A L J R D B A A
U M N I K F E L X Q T T M M
L W X N V O C E A N O O A U
A F V E T E R O O V I S S Z
R A T K O M E N C A N T O A
A T K S L N J A A T T I J P
V L X T Z A D C S R T L L L
Q E M R W S T O M A K O Q A
U T G E R A P I D O H G W Ĝ
S O A M I N Y F A Y J M B O
E U O A Ĉ A M P I O N O K W
A Z K Q X E D C F P X C I G
```

AMUZA	ŜAŬMO
ATLETO	OCEANO
ĈAMPIONO	PLAĜO
KOMENCANTO	POPULARA
STOMAKO	RIFO
EKSTREMA	STILO
FORTO	ONDO
AMASOJ	RAPIDO
VETERO	

47 - Technologie

```
K V F K B H K J W P N L D N
D O M B D A T U M O L C W J
F F M P I N T E R R E T O E
J O M P C D P R M S D N U S
R H T U U C T Y E S O Q S O
E J I I B T F J S T S R A F
D B P D L A I Q A A I E O T
X B A J T O J L Ĝ T E K P V
V I R T U A L A O I R R I A
X C O D W V I R U S O A K R
E S P L O R A D O T P N R O
D I G I T A L O M I W O M C
R E T U M I L O W K I J Y I
S E K U R E C O D O X G J S
```

FOTILO	DIGITALO
KURSORO	BAJTOJ
DATUMO	KOMPUTILO
EKRANO	TIPARO
DOSIERO	ESPLORADO
INTERRETO	SEKURECO
SOFTVARO	STATISTIKO
MESAĜO	VIRTUALA
RETUMILO	VIRUSO

48 - Météo

```
T U F U Q Z X L E H T Ĉ T V
O R S E K A P Z D G R I O E
N A O K L I M A T O A E R N
D G N P O L U S A G N L N T
R A H Q I Q U C I Z K O A O
O N M S E K E C O Q V H D Ŝ
Ĉ O C X D U A I S M I I O T
C I D Q N E B U L O L V I O
O H E E H U M I D A E V S R
U K I L X A B I N U N D O M
H Q O T A T M O S F E R O O
T E M P E R A T U R O U E D
G L A C I O K W T M I F Q O
Z S X D C M W O S L X S P K
```

ĈIELARKO	URAGANO
ATMOSFERO	POLUSA
NEBULO	SEKA
TRANKVILE	SEKECO
ĈIELO	TEMPERATURO
KLIMATO	ŜTORMO
GLACIO	TONDRO
HUMIDA	TORNADO
INUNDO	TROPIKA
NUBO	VENTO

49 - Châteaux

K	Ĉ	E	V	A	L	O	Z	F	D	E	Z	M	H
A	I	P	R	I	N	C	O	O	I	R	K	F	X
V	R	M	R	E	G	N	O	R	D	L	A	F	R
A	K	Q	P	I	R	H	V	T	W	D	T	K	I
L	A	Z	J	E	N	N	D	E	A	I	A	K	O
I	Ŭ	O	K	L	R	C	P	C	I	N	P	I	C
R	F	E	Ŭ	D	A	I	I	O	U	A	U	R	L
O	O	X	T	P	K	R	O	N	O	S	L	A	X
V	S	M	U	R	O	H	H	M	O	T	T	S	Q
Y	A	E	R	D	W	R	G	U	R	I	O	O	V
C	Ĵ	R	O	N	O	B	L	A	M	O	P	W	D
R	O	F	U	V	J	D	A	P	A	L	A	C	O
E	Ŝ	I	L	D	O	J	V	U	P	Q	Q	G	Y
T	O	Q	D	J	I	X	O	O	W	U	J	X	F

KIRASO
ŜILDO
KATAPULTO
ĈEVALO
KAVALIRO
KRONO
DRAKO
DINASTIO
IMPERIO
GLAVO

FEŬDA
FORTECO
ĈIRKAŬFOSAĴO
MURO
NOBLA
PALACO
PRINCO
PRINCINO
REGNO
TURO

50 - Randonnée

```
S  C  P  S  U  N  O  A  N  P  T  M  R  G
W  Z  B  P  T  U  E  K  T  H  E  V  Y  V
P  W  W  R  O  K  O  V  I  A  N  E  V  I
K  L  U  E  T  T  E  O  Q  C  D  X  L  D
R  M  P  P  W  R  K  M  V  N  U  P  W  I
S  O  V  A  Ĝ  A  L  A  C  A  M  E  W  L
S  N  F  R  R  P  I  P  F  T  A  Z  O  O
H  T  D  O  Ŝ  K  F  O  B  U  D  A  V  J
U  O  Y  B  O  T  O  J  E  R  O  K  E  Z
K  L  I  M  A  T  O  J  S  O  D  G  T  Q
M  O  D  O  R  I  E  N  T  I  Ĝ  O  E  C
P  U  N  T  O  M  N  U  O  G  Q  E  R  E
H  Q  F  M  G  R  B  D  J  J  T  F  O  P
U  G  Y  E  O  A  V  K  U  L  P  Y  V  V
```

BESTOJ	VETERO
BOTOJ	MONTO
TENDUMADO	NATURO
MAPO	ORIENTIĜO
KLIMATO	PARKOJ
AKVO	ŜTONOJ
KLIFO	PREPARO
LACA	SOVAĜA
GVIDILOJ	SUNO
PEZA	PUNTO

51 - Meubles

```
S  O  F  O  P  F  I  B  B  E  N  K  O  U
T  K  U  S  E  N  O  J  Z  U  Q  U  T  N
H  E  R  M  H  O  J  G  B  E  R  S  R  X
G  A  L  I  I  K  V  T  Y  N  S  E  E  L
J  Y  M  E  B  R  E  T  O  J  P  N  M  I
V  R  Z  A  R  O  K  A  D  J  E  O  A  T
W  L  V  D  K  B  T  E  K  W  G  K  R  O
T  A  P  I  Ŝ  O  R  A  B  C  U  U  K  N
M  A  T  R  A  C  O  E  B  C  L  R  T  N
B  R  A  K  S  E  Ĝ  O  T  L  O  T  O  G
S  E  Ĝ  O  E  B  H  O  T  A  O  E  R  I
F  X  M  R  C  M  Y  X  C  M  R  N  O  J
J  D  Z  W  A  S  I  A  I  P  G  O  J  P
V  O  Y  B  G  Q  H  S  U  O  L  J  J  Q
```

BENKO	HAMAKO
SKRIBOTABLO	LAMPO
SOFO	LITO
SEĜO	MATRACO
TELERBRETARO	SPEGULO
KUSENOJ	KUSENO
BRETOJ	KURTENOJ
BRAKSEĜO	TAPIŜO
TREMARKTOROJ	

52 - Art

```
O C S A Y E S J Z H S I T D
S R X K W B A U G O I N M P
E U I H U M O R O N M S P S
B S X G Z L V V L E P P E U
Z Y P B I U P T U S L I R B
I R M R U N K T P T A R S J
F J J I I J A W A O T I O E
P U R V C M Q L S Ĵ L T N K
O J K O M P O N A D O A A T
E S U P E R R E A L I S M O
Z C E R A M I K O J O T M X
I K O M P L E K S O B F W P
O S I M B O L O A S C O B M
P E N T R A Ĵ O J N P D T X
```

CERAMIKO   PENTRAĴOJ
KOMPLEKSO   PERSONA
KOMPONADO   POEZIO
ESPRIMO   SKULPTAĴO
HONESTO   SIMPLA
HUMORO   SUBJEKTO
INSPIRITA   SUPERREALISMO
ORIGINALA   SIMBOLO

53 - Nutrition

```
G U S T O P J P B H H A D M
M T A A G H E Z S Q S M I A
F S N K Ŭ J P Z F X U A E N
E S A V T C B Y O C P R T Ĝ
R P P A O E O N C P D A O E
M E E L K K A L O R I O J B
E C T I S V O I I O G P O L
N O I T I I H K D T E Y S A
T J T O N L Z V H E S K I P
A S O A O I A A A I T K F C
D B A L B B V Ĵ E N O R M H
O Z B N S R C O Q O M F F O
J U Q M O A H J C J Y Y R R
W H I N G R E D I E N T E J
```

AMARA	LIKVAĴOJ
APETITO	PEZO
KALORIOJ	PROTEINOJ
MANĜEBLA	KVALITO
DIETO	SANA
DIGESTO	SANO
SPECOJ	SAŬCO
EKVILIBRA	GUSTO
FERMENTADO	TOKSINO
INGREDIENTEJ	

54 - Science Fiction

E	K	S	P	L	O	D	O	R	G	K	V	C	F
K	C	C	S	V	W	Y	R	Y	A	W	G	D	U
K	S	E	B	E	S	U	A	Q	L	D	F	K	H
J	G	N	I	R	D	A	K	J	A	R	U	C	W
U	T	O	P	I	O	O	O	M	K	L	T	F	D
P	G	X	B	A	E	H	L	D	S	H	U	A	A
R	E	A	L	I	S	M	O	L	I	B	R	O	J
O	K	I	P	L	A	N	E	D	O	R	I	M	M
B	S	I	M	I	S	T	E	R	A	S	S	O	I
O	T	L	F	A	J	R	O	I	K	K	T	N	R
T	R	U	Z	V	G	K	A	T	O	M	A	D	I
O	E	Z	B	F	P	A	I	P	G	P	Y	O	N
J	M	I	U	M	U	M	T	N	L	T	E	H	D
I	A	O	T	E	K	N	O	L	O	G	I	O	A

ATOMA	LIBROJ
KINO	MONDO
EKSPLODO	MISTERA
EKSTREMA	ORAKOLO
MIRINDA	PLANEDO
FAJRO	REALISMO
FUTURISTA	ROBOTOJ
GALAKSIO	SCENO
ILUZIO	TEKNOLOGIO
IMAGA	UTOPIO

55 - Vertus #1

```
E  H  G  N  S  E  N  D  E  P  E  N  D  A
P  F  H  E  L  P  E  M  A  U  V  L  K  W
A  I  I  R  D  J  A  J  D  R  N  D  P  B
C  D  R  K  Ĉ  C  I  Y  E  A  M  M  I  M
I  I  P  J  A  R  T  A  C  E  B  O  N  A
E  N  A  P  R  A  K  T  I  K  A  D  T  L
N  D  Q  Q  M  O  U  E  D  L  A  E  E  A
T  A  I  O  A  P  R  B  A  W  T  S  L  V
O  S  R  K  L  X  I  U  K  S  H  T  I  A
P  L  F  R  S  I  O  S  C  C  I  A  G  R
E  A  I  I  V  G  Z  T  L  C  B  R  E  A
Y  E  S  A  Ĝ  A  A  B  L  G  L  B  N  Z
T  O  P  I  E  A  M  U  Z  A  M  J  T  V
N  U  Z  R  A  J  N  X  K  M  J  Z  A  Q
```

ARTA	SENDEPENDA
BONA	INTELIGENTA
ĈARMA	MODESTA
KURIOZA	PASIA
DECIDA	PACIENTO
AMUZA	PRAKTIKA
EFIKA	PURA
FIDINDA	SAĜA
MALAVARA	HELPEMA

56 - Professions #1

```
S  K  P  L  U  M  B  I  S  T  O  Z  T  Q
Z  C  A  T  J  U  V  E  L  I  S  T  O  F
H  I  I  R  R  E  D  A  K  T  O  R  O  N
N  I  A  E  T  E  R  L  N  B  Ĉ  L  W  E
J  D  D  H  N  O  J  G  L  D  A  X  A  P
O  A  V  R  J  C  G  N  Z  Q  S  M  K  S
O  N  O  W  J  W  I  R  I  P  I  Z  D  I
V  C  K  G  R  U  D  S  A  S  S  F  O  K
P  I  A  N  I  S  T  O  T  F  T  Y  K  O
A  S  T  R  O  N  O  M  O  O  O  O  T  L
H  T  O  G  E  O  G  E  O  L  O  G  O  O
H  O  B  A  N  K  I  S  T  O  Q  X  R  G
F  A  J  R  O  F  O  M  I  S  T  A  O  O
A  M  B  A  S  A  D  O  R  O  H  F  R  C
```

AMBASADORO	REDAKTORO
ASTRONOMO	GEOLOGO
ADVOKATO	DOKTORO
BANKISTO	PIANISTO
JUVELISTO	PLUMBISTO
KARTOGRAFO	FAJROFOMISTA
ĈASISTO	PSIKOLOGO
DANCISTO	SCIENCISTO
TREJNISTO	

57 - Géologie

```
A L T E B E N A Ĵ O A T K M
H K B D Z M I I X K G A V I
W B A C Q V W N N C E V A N
S T A L A G M I T O J O R E
J S N W C B K U J Z S L C R
O S Z L I I T D K O E O O A
K A V E R N O Z T N R V X L
K L A V O B F N M O O U E O
F O J U X K R I S T A L O J
O Ŝ R P K E X D T K X K U K
S S T A L A K T I T O A S Y
I Q O O L A C I D O D N W X
L D E W N O X U E E K O T F
O Z Y T J O Z J E R O Z I O
```

ACIDO	MINERALOJ
KALCIO	ŜTONO
KAVERNO	ALTEBENAĴO
KORALO	KVARCO
TAVOLO	SALO
KRISTALOJ	STALAKTITO
EROZIO	STALAGMITOJ
FOSILO	VULKANO
GEJSERO	ZONO
LAVO	

58 - Cirque

```
G  R  C  E  S  I  M  I  O  X  M  T  B  M
M  U  B  L  N  D  M  E  L  B  U  E  A  A
O  Z  U  E  K  G  M  A  J  E  Z  N  L  G
N  O  D  F  O  F  G  K  O  S  I  D  O  I
T  C  Y  A  S  Y  S  R  G  T  K  O  N  O
R  N  X  N  T  L  E  O  N  O  O  Y  O  H
O  O  V  T  U  J  L  B  I  J  M  S  J  P
X  N  P  O  M  W  A  A  S  T  W  A  Q  F
H  Y  U  A  O  D  C  T  T  P  Z  M  X  B
X  E  P  F  J  P  S  O  O  A  M  U  Z  I
S  P  E  K  T  A  N  T  O  R  O  D  B  L
M  A  G  O  U  F  C  P  Z  A  B  Q  R  E
A  F  N  T  I  G  R  O  R  D  N  M  S  T
E  W  N  Y  U  R  J  P  R  O  B  L  B  O
```

AKROBATO	LEONO
BESTOJ	MAGO
RUZO	MAGIO
BALONOJ	MONTRO
BILETO	MUZIKO
PAJACO	PARADO
KOSTUMO	SIMIO
AMUZI	SPEKTANTO
ELEFANTO	TENDO
JOGNISTO	TIGRO

59 - Jardin

```
B  V  X  Z  A  R  R  H  F  A  T  T  G  E
B  E  N  K  O  R  Z  J  A  S  E  R  A  P
M  R  Q  B  G  K  B  H  D  F  R  A  R  L
S  A  S  Ĝ  J  L  M  O  G  L  A  M  A  G
F  N  O  A  R  B  U  S  T  O  S  P  Ĝ  L
E  D  T  R  U  L  O  O  U  R  O  O  O  W
M  O  Z  D  H  P  B  Y  T  O  N  L  C  T
B  S  A  E  O  E  Ŝ  O  V  E  L  I  L  O
A  H  G  N  L  B  R  D  D  W  Q  N  Q  Y
R  S  A  O  K  V  O  B  X  K  I  O  X  R
I  Y  Z  M  V  O  P  Z  O  H  E  R  B  O
L  V  O  G  A  U  A  Z  Q  J  A  U  P  A
O  R  N  N  Z  K  L  A  G  E  T  O  W  N
V  N  O  L  C  R  O  R  A  S  T  I  E  U
```

ARBO	HERBOJ
BENKO	ŜOVELILO
ARBUSTO	GAZONO
BARILO	VERANDO
LAGETO	RASTI
FLORO	TRULO
GARAĜO	TERASO
HAMAKO	TRAMPOLINO
HERBO	HOSO
ĜARDENO	

60 - Barbecues

```
R  X  S  Y  W  M  I  S  P  Z  Z  U  D  Q
G  R  I  L  O  H  N  A  E  I  B  M  F  O
A  B  U  A  N  S  F  L  K  M  P  J  J  B
M  U  Z  I  K  O  A  O  F  T  T  R  C  M
V  T  F  B  L  M  N  S  A  L  A  D  O  J
A  R  S  H  Z  E  O  T  M  N  G  T  M  C
R  A  A  A  D  R  J  A  I  K  M  O  A  E
M  N  Y  S  Ŭ  O  J  L  L  O  A  M  L  P
A  Ĉ  S  F  I  C  D  E  I  K  N  A  S  O
O  I  D  H  L  D  O  G  O  I  Ĝ  T  A  J
L  L  F  R  U  K  T  O  V  D  O  O  T  G
I  O  H  O  U  U  G  M  S  O  J  J  O  Q
H  J  E  V  D  W  N  O  C  O  L  S  J  O
H  D  X  L  U  D  O  J  D  I  M  S  U  Z
```

VARMA	LEGOMOJ
TRANĈILOJ	MUZIKO
TAGMANĜO	CEPOJ
INFANOJ	PIPRO
SOMERO	KOKIDO
MALSATO	SALADOJ
FAMILIO	SAŬCO
FRUKTO	SALO
GRILO	TOMATOJ
LUDOJ	

61 - Anniversaire

```
G R A N D E I H N J J Ĝ D K
Q Q T C H G B N A U A O Q A
S P E C I A L A S N R J R N
Z J M W N M W J K A O A I T
E B P R C U T E I Z O J N O
T D O F C Z W N T V C H V D
T A G O J A F K A Z A N I O
K Q L S T L V L I O Y O T N
F U P A K A L E N D A R O A
E E K Ĝ M K A N D E L O J C
L B S O S I X S I V G S B O
I N V T T A K A R T O J V P
Ĉ O T Z O D R O U S I C R I
A V I Y W K L W J D P R D I
```

AMIKOJ	FELIĈA
AMUZA	INVITOJ
JARO	JUNA
KANDELOJ	TAGO
DONACO	ĜOJA
KALENDARO	NASKITA
KARTOJ	SAĜO
KANTO	SPECIALA
FESTO	GRANDE
KUKO	TEMPO

62 - Animaux de Compagnie

```
K U N I K L O J M G P W A T
K A P R O K H T H F I Ŝ O P
V K T E S T U D O N E E K F
X O C I F R N K M K D D U Y
I L S N D J D B M Y O C L H
S U F T F O O H A H J G A Z
U M J N O Q T H N W R A C X
B O V I N O K M Ĝ F E M E L
T I P A P A G O O K B Z R S
P N V K H A M S T R O I T M
F B L V A L R S A P Z D O U
K J T O K T O F W G O O G S
G R S L C W O M S Z Y Q S O
V E T E R I N A R O W A Z F
```

KATO	MANĜO
KATIDO	PIEDOJ
KAPRO	PAPAGO
HUNDO	FIŜO
IDO	VOSTO
KOLUMO	MUSO
AKVO	TESTUDO
HAMSTRO	BOVINO
KUNIKLO	VETERINARO
LACERTO	

63 - Forêt Tropicale

```
M  T  B  L  B  B  R  I  F  U  Ĝ  O  R  K
D  U  E  N  I  R  F  N  A  T  U  R  O  O
E  V  S  G  R  R  E  S  P  E  K  T  O  N
N  A  H  K  D  L  R  E  S  T  A  R  O  S
A  L  R  P  O  V  Z  K  N  O  W  U  W  E
A  O  A  Ĝ  J  L  K  T  A  U  T  Z  F  R
B  R  M  A  M  U  L  O  J  C  B  W  P  V
O  A  F  N  Z  C  I  J  M  G  U  O  A  A
T  H  I  G  W  S  M  P  J  U  M  H  J  D
A  J  B  A  Q  P  A  P  O  M  N  S  M  O
N  K  I  L  G  E  T  M  P  V  D  U  S  B
I  H  O  O  D  C  O  T  F  W  O  C  M  T
K  F  J  P  D  I  V  E  R  S  E  C  O  O
O  Q  P  R  B  O  I  N  D  I  Ĝ  E  N  A
```

AMFIBIOJ	MUSKO
BOTANIKO	NATURO
KLIMATO	NUBOJ
KOMUNUMO	BIRDOJ
DIVERSECO	VALORA
SPECIO	KONSERVADO
INDIĜENA	RIFUĜO
INSEKTOJ	RESPEKTO
ĜANGALO	RESTARO
MAMULOJ	

64 - Insectes

```
M P O H M T I F D V T A A C
O K A D L A R V O E E J F Q
S O B P V Z N P C R R H I D
K F E K I C L T R M M T D V
I G L P R L U T I O I I O O
T P O Y V A I F V S T L K J
O G Q J Z K L O P R O I G O
C B S K A R A B O S N B H A
B L A T O I D X R A U E C L
D A Q S U D Y Z P G O L C U
C I K A D O B D U Q E O U B
V D K O L V U H L X U W C L
D C H F R W G W O H J S O T
Q V E S P O W E M X U S I U
```

ABELO	MOSKITO
BLATO	PAPILIO
CIKADO	PULO
LADYBUG	AFIDO
FORMIKO	AKRIDO
VESPO	SKARABO
LARVO	TERMITO
LIBELO	VERMO
MANTISO	

65 - Ferme #1

```
A  S  S  T  R  P  U  N  X  K  A  T  O  J
Z  G  O  V  D  O  A  N  V  R  B  Y  L  C
R  T  R  Y  G  R  B  K  I  K  E  H  X  W
L  Y  N  I  L  K  A  A  V  B  L  M  L  U
S  T  E  R  K  O  R  M  L  O  O  O  P  W
H  U  N  D  O  U  I  P  F  V  K  D  F  Z
K  O  R  V  O  I  L  O  J  I  V  W  B  R
G  Ĉ  E  V  A  L  O  T  D  N  H  T  Q  H
L  R  F  O  J  N  O  K  U  O  P  K  G  J
D  I  E  K  A  P  R  O  C  R  L  M  L  B
S  Z  W  G  B  O  V  I  D  O  O  J  V  O
S  O  S  K  O  K  I  D  O  U  B  D  Y  Q
J  L  W  E  V  J  J  F  M  Z  B  P  S  F
O  A  Z  E  N  O  M  I  E  L  O  A  G  I
```

ABELO	KORVO
AGRIKULTURO	AKVO
AZENO	STERKO
KAMPO	FOJNO
KATO	MIELO
ĈEVALO	KOKIDO
KAPRO	RIZO
HUNDO	GREGO
BARILO	BOVINO
PORKO	BOVIDO

66 - Escalade

```
S C I V O L E M O S J K Y G
H E B K A V E R N O U F P B
S M O T R E J N A D O U E T
N A T M O S F E R O R C A E
Q P O S F I A L T E C O L R
M O J E T F O R T O U I T E
B L U Y G A N T O J B X I N
S V W C X A B G J Z D C G O
B A F S B V E I G S O V A Z
G V I D I L O J L P O U N W
Q K Z U R I W I K E U N T O
G G I Y F B V N O R C D A H
B E K K A S K O E T X O S V
G D A P U M A L L A R Ĝ A S
```

ALTECO
ATMOSFERO
VUNDO
BOTOJ
MAPO
KASKO
SCIVOLEMO
SPERTA
MALLARĜA

FORTO
TREJNADO
GANTOJ
KAVERNO
GVIDILOJ
FIZIKA
ALTIGANTA
STABILECO
TERENO

67 - École #2

```
H  E  J  M  T  A  S  K  O  V  B  E  L  Y
K  R  A  J  O  N  O  X  D  L  I  D  I  S
K  O  M  P  U  T  I  L  O  U  B  U  T  Z
S  C  I  E  N  C  O  E  C  D  L  K  E  I
V  A  G  A  D  O  J  R  Q  O  I  O  R  N
R  O  E  E  R  S  I  N  K  J  O  J  A  S
A  V  R  Z  T  V  Y  I  A  E  T  T  T  T
W  K  A  T  O  N  D  I  L  O  E  S  U  R
B  U  S  O  A  X  T  N  E  J  K  K  R  U
O  P  A  P  E  R  O  U  N  W  O  R  O  I
L  E  G  A  D  O  O  T  D  M  E  I  Q  S
D  L  P  Z  N  Q  I  Q  A  M  E  B  W  T
A  K  G  R  A  O  J  Q  R  H  W  O  N  O
L  I  B  R  O  J  S  Y  O  I  G  Q  W  Z
```

AGADOJ	SKRIBO
LERNI	EDUKO
BIBLIOTEKO	LUDOJ
BUSO	LEGADO
KALENDARO	LITERATURO
TONDILO	LIBROJ
KRAJONO	KOMPUTILO
HEJMTASKO	PAPERO
VORTARO	SCIENCO
INSTRUISTO	

68 - Antarctique

```
K E U D B I E T M S N F B G
O E Q G A K V O N E C K I L
N A E E L M I G R A D O R A
S X D X E H V B K B Y I D C
E C M I N E R A L O J Y O I
R S I A O K Q J D C X U J O
V O S E J G E O G R A F I O
A L F I N S U L O J O G F U
D Q M B M C E S E P F C M E
O T U U E O A D N E Q N K R
T E M P E R A T U R O E L Y
M R X B K O N T I N E N T O
N P E N I N S U L O P L E H
R X B N N G L A Ĉ E R O J S
```

BAJO	INSULOJ
BALENOJ	MIGRADO
KONSERVADO	MINERALOJ
KONTINENTO	BIRDOJ
AKVO	PENINSULO
MEDIO	ROCKY
GEOGRAFIO	SCIENCA
GLACIO	TEMPERATURO
GLAĈEROJ	

69 - Professions #2

K I R U R G O Y X I I A W P
Ĵ U B I O L O G O L N U N E
S U R C R J G F X U S F V N
O T R A D E N T I S T O I T
T Y T N C I H R A T R T N R
K D R L A I B X P R U I Ĝ I
J Z T N P L S C I I I S E S
X I X F N K I T L S S T N T
Z O O L O G O S O T T O I O
E S P L O R I S T O O L E S
L I N G V I S T O O S Q R F
B I B L I O T E C A R I O Z
W L F Ĝ A R D E N I S T O P
F I L O Z O F O P H T P U X

BIBLIOTECARIO   ĴURNALISTO
BIOLOGO   LINGVISTO
ESPLORISTO   KURACISTO
KIRURGO   PENTRISTO
DENTISTO   FILOZOFO
INSTRUISTO   FOTISTO
ILUSTRISTO   PILOTO
INĜENIERO   ZOOLOGO
ĜARDENISTO

70 - Les Abeilles

```
F  O  D  F  C  J  G  R  P  M  A  X  U  D
R  M  S  M  U  C  F  E  D  Q  E  U  M  I
U  E  Z  I  A  M  L  Ĝ  U  T  I  L  A  V
K  K  D  E  F  G  O  I  M  I  P  T  N  E
T  O  J  L  Y  K  R  N  A  N  L  V  Ĝ  R
O  S  R  O  S  F  O  O  B  S  A  V  O  S
Y  I  H  V  R  L  J  F  E  E  N  V  J  E
V  S  O  A  H  U  A  L  L  K  T  A  H  C
F  T  X  I  B  G  Y  O  U  T  O  K  Q  O
U  E  E  K  H  I  G  R  J  O  J  S  P  P
H  M  K  A  L  L  T  O  O  W  V  O  Q  B
J  A  O  F  I  O  Ĝ  A  R  D  E  N  O  C
S  U  N  O  F  J  F  B  T  X  Z  W  F  Z
S  V  A  R  M  O  E  H  P  O  L  E  N  O
```

FLUGILOJ	HABITATO
UTILA	INSEKTO
VAKSO	ĜARDENO
DIVERSECO	MIELO
SVARMO	MANĜO
EKOSISTEMA	PLANTOJ
FLORO	POLENO
FLOROJ	REĜINO
FRUKTO	ABELUJO
FUMO	SUNO

71 - Dinosaures

```
E W C C C G I H I R X M O P
E N F L U G I L O J K A M R
V P O T E N C A A E P L N A
O L S R E P T I L I O A I H
L R I J M S S R B R R P V I
U L L J S A Q P T X H E O S
O S O G R A N D E C O R R T
E X J H P I X C R C F O E O
H E R B I V O R O C I V X R
X P D I P G V R A P T O R I
W C H T F R G F T A D S M A
P S F G O Q E M A M U T O U
G R A N D A O D Q E M O T S
V I C I O S A D O Y C X P I
```

FLUGILOJ	PRAHISTORIA
MALAPERO	PREDO
SPECIO	POTENCA
ENORMA	VOSTO
EVOLUO	RAPTOR
FOSILOJ	REPTILIO
GRANDA	GRANDECO
HERBIVORO	TERO
MAMUTO	VICIOSA
OMNIVORE	

72 - Conduite

```
P T R A N S P O R T A D O P
O E C Y D T D C G Z G E A I
L M R A P I D O X M I H K E
I O L M A P O E K H U R C D
C T U N E L O F T K L N I I
O O T Q L S E U V O J O D R
U R D G B K I E O F A Z E A
X O N A E R Y L Y N D Ŭ N N
O I M R N D L O O Y I V T T
O D J A J Ĝ K A M I O N O O
D V O Ĝ B R E M S O J A Q U
L R D O Y V T R A F I K O P
S E K U R E C O O X N Q N Q
M O T O R C I K L O G A Z O
```

AKCIDENTO	MOTORCIKLO
KAMIONO	PIEDIRANTO
FUELO	POLICO
MAPO	VOJO
DANĜERO	SEKURECO
BREMSOJ	TRAFIKO
GARAĜO	TRANSPORTADO
GAZO	TUNELO
PERMESILO	RAPIDO
MOTORO	AŬTO

73 - Plantes

```
B O T A N I K O X H S P J K
K A K T O S F O L I O J Y J
N R M B E R O L K R E S K U
F B T B W Y B C O A T U A U
M O Y Y U D H Q M R Ĝ H R E
E U G X G O E L P A A H B B
Q Y S S T E R K O D R E U W
A U M K I Z B K M I D D S L
B S F L O R O V B K E E T Q
B P E T A L O Z Q O N R O I
R W A R B A R O M B O O V S
H R C G G Y R F A B O E Y H
V E G E T A Ĵ A R O O Q S Q
O I X W N G T K R S I X L M
```

ARBO	ARBARO
BERO	KRESKU
BAMBUO	FABO
BOTANIKO	HERBO
ARBUSTO	ĜARDENO
KAKTO	HEDERO
STERKO	MUSKO
FOLIOJ	PETALO
FLORO	RADIKO
FLORA	VEGETAĴARO

74 - Ferme #2

```
M  W  F  B  Ŝ  R  D  I  L  L  Z  B  Y  B
A  S  R  I  C  A  Y  H  E  R  B  E  J  O
N  R  U  O  B  L  F  N  A  N  A  S  O  D
Ĝ  L  K  J  L  A  M  O  S  S  Y  T  Y  Q
O  E  T  T  T  K  U  Y  Q  F  I  O  P  P
V  G  O  S  E  T  G  R  E  N  E  J  O  R
S  O  T  A  H  O  E  J  Y  T  X  K  B  Z
O  M  A  I  Z  O  S  Y  Z  R  O  I  M  C
H  O  A  N  S  E  R  O  J  A  P  U  A  J
C  Y  I  R  I  G  A  D  O  C  W  V  F  F
G  S  B  T  O  P  C  R  E  T  R  V  A  A
Y  N  N  T  R  I  T  I  K  O  T  V  K  Z
H  M  I  W  K  U  L  T  U  R  O  X  L  T
M  A  T  U  R  A  Ŝ  A  F  I  D  O  S  F
```

ŜAFIDO	LEGOMO
KULTURO	MAIZO
BESTOJ	ŜAFO
TRITIKO	MATURA
ANASO	MANĜO
FRUKTO	ANSEROJ
GRENEJO	HORDEO
IRIGADO	HERBEJO
LAKTO	TRACTOR
LAMO	

75 - École #1

```
A T Z S K R I B O T A B L O
M M A T E M A T I K O I O Q
U T I T R B B D P P Z B O M
Z I A K L Q J E A L Z L J A
A N Z G O W O Y P O A I K L
Z S N F M J R S E Ĝ O O R F
B T C R L A V T R U I T A A
Q R D D T X N I O P L E J B
X U Q W N R W Ĝ S L G K O E
L I B R O J D L O U V O N T
J S U K L A S Ĉ A M B R O O
G T T S M R E S P O N D O J
D O S I E R U J O J E X H J
H H R X E K Z A M E N O J I
```

ALFABETO	DOSIERUJOJ
AMIKOJ	INSTRUISTO
AMUZA	EKZAMENOJ
BIBLIOTEKO	LIBROJ
SKRIBOTABLO	MATEMATIKO
SEĜO	PAPERO
KRAJONO	RESPONDOJ
PLUMOJ	KLASĈAMBRO
TAGMANĜO	

76 - Vacances #2

```
K D O T H M P K F A K C J F
T A Q E O U A H U V K F F R
T J L N T P S P L A Ĝ O L E
R R Q D E F P C O F Z T U M
A E A O L D O V F H F O G D
J S T N O J R I X B R J H A
N T S I S P T Z N E J P A J
O O H B M P O A I S Q J V S
V R F O W P O P U H U C E M
O A E R I B O R V R E L N A
J C R L I B E R T E M P O R
A I I G U F I C T A K S I O
Ĝ O O T E N D U M A D O Y T
O C F X A D E S T I N O A K
```

FLUGHAVENO	FOTOJ
TENDUMADO	PLAĜO
MAPO	RESTORACIO
DESTINO	TAKSIO
FREMDA	TENDO
HOTELO	TRAJNO
INSULO	TRANSPORTADO
LIBERTEMPO	FERIO
MARO	VIZA
PASPORTO	VOJAĜO

77 - Outils

```
G  Ŝ  R  A  Ă  B  O  C  U  H  R  A  D  O
P  S  V  S  G  T  T  N  R  A  A  T  M  V
V  I  J  I  X  R  B  M  Q  K  Z  E  A  V
K  A  B  L  O  A  A  Q  J  I  I  N  R  R
I  O  G  D  O  N  W  F  J  L  L  A  T  K
M  A  L  E  O  Ĉ  L  E  I  O  O  J  E  T
Ŝ  N  U  R  O  I  C  R  T  L  T  L  L  K
X  Ŝ  O  V  E  L  I  L  O  H  O  O  O  J
U  B  P  I  X  O  M  I  R  E  N  J  A  M
J  T  V  Q  B  G  V  Z  Ĉ  C  D  N  O  N
Ŝ  T  U  P  E  T  A  R  O  Y  I  Z  P  C
H  W  K  X  A  T  Q  Y  Y  P  L  U  U  D
P  S  I  I  O  R  Q  Q  R  C  O  N  P  N
O  P  J  V  J  W  Q  X  K  J  T  N  Q  D
```

AGRAFILO	MALEO
KABLO	MARTELO
TONDILO	ŜOVELILO
GLUO	TENAJLOJN
ŜNURO	RAZILO
TRANĈILO	RADO
ŜTUPETARO	TORĈO
HAKILO	ŜRAŬBO

78 - Temps

```
T  M  Y  G  Q  A  P  J  Z  J  I  L  B  S
J  A  R  O  W  T  Z  Q  B  R  D  I  I  E
M  T  G  T  Q  N  J  A  R  D  E  K  O  M
O  E  P  M  G  H  O  R  A  N  B  G  H  A
N  N  O  Q  E  Z  Q  K  N  U  U  O  I  J
A  O  S  G  N  Z  X  G  T  N  H  N  E  N
T  K  T  E  A  O  O  M  A  O  O  M  R  O
O  O  I  B  A  L  D  A  Ŭ  K  R  I  A  O
E  S  T  O  N  T  E  C  O  W  L  N  Ŭ  D
K  A  L  E  N  D  A  R  O  T  O  U  O  U
H  O  D  I  A  Ŭ  X  M  S  A  Ĝ  T  X  D
H  Y  Y  Q  E  D  P  S  H  G  O  O  I  H
W  M  T  U  M  Y  J  R  T  O  G  X  Q  W
D  Z  O  S  U  T  J  A  R  C  E  N  T  O
```

JARO	HORLOĜO
POST	TAGO
HODIAŬ	NUN
ANTAŬ	MATENO
BALDAŬ	TAGMEZO
KALENDARO	MINUTO
JARDEKO	MONATO
ESTONTECO	NOKTO
HORA	SEMAJNO
HIERAŬ	JARCENTO

79 - Maison

```
H  F  S  U  M  A  K  L  T  G  S  O  P  T
D  B  C  G  I  K  J  U  N  K  U  G  L  A
P  B  G  A  R  A  Ĝ  O  I  U  B  A  A  P
V  H  D  K  H  T  T  P  U  R  T  W  F  I
X  F  E  B  I  B  L  I  O  T  E  K  O  Ŝ
Ĝ  A  R  D  E  N  O  A  E  E  G  J  N  O
P  J  O  U  Ĉ  M  O  T  E  N  M  Z  O  T
C  R  F  Ŝ  S  A  U  G  D  O  E  S  N  I
W  O  C  O  Z  W  M  R  P  J  N  P  D  Z
B  A  R  I  L  O  U  B  O  Y  T  E  A  U
A  E  F  E  N  E  S  T  R  O  O  G  F  Q
L  T  X  L  A  M  P  O  D  O  U  U  Y  A
A  L  W  M  E  K  Ŝ  L  O  S  I  L  O  J
O  T  E  G  M  E  N  T  O  F  U  O  Q  W
```

BALAO	SUBTEGMENTO
BIBLIOTEKO	ĜARDENO
ĈAMBRO	LAMPO
FAJRO	SPEGULO
ŜLOSILOJ	MURO
BARILO	PLAFONO
KUIREJO	PORDO
DUŜO	KURTENOJ
FENESTRO	TAPIŜO
GARAĜO	TEGMENTO

80 - Légumes

```
I  X  K  U  K  U  R  B  O  M  B  E  X  O
P  C  I  U  A  R  A  R  T  I  Ŝ  O  K  O
S  V  H  U  R  A  P  O  D  J  P  I  P  V
T  P  I  Z  O  F  X  K  B  T  B  D  E  O
Y  O  I  E  T  A  X  O  S  A  L  A  T  O
A  X  M  N  O  N  X  L  W  K  S  H  R  Y
L  J  U  A  A  O  C  O  C  U  M  J  O  J
F  C  W  L  T  C  I  O  M  K  L  D  S  V
A  Z  E  R  C  O  O  K  T  U  K  M  E  N
J  M  E  L  A  N  Z  O  F  M  L  U  L  F
L  D  O  R  E  M  Q  L  U  O  J  B  O  A
O  V  Y  W  M  R  Z  I  N  G  I  B  R  O
E  F  V  M  G  B  I  V  G  Y  M  U  R  G
S  H  A  L  L  O  T  O  O  C  E  P  O  V
```

AJLO	SPINACO
ARTIŜOKO	ZINGIBRO
MELANZO	RAPO
BROKOLO	CEPO
KAROTO	OLIVO
CELERIO	PETROSELO
FUNGO	PIZO
KUKURBO	RAFANO
KUKUMO	SALATO
SHALLOT	TOMATO

81 - Plage

```
M  S  H  F  G  V  W  P  U  D  J  J  B  F
V  A  U  G  R  I  F  O  Q  K  O  M  U  Q
E  B  R  N  O  N  T  G  W  J  Z  K  U  S
L  L  O  O  O  S  B  A  M  C  A  M  O  A
Ŝ  O  R  F  J  U  O  M  B  R  E  L  O  N
I  O  O  Q  G  L  A  G  U  N  O  X  K  D
P  M  O  Y  F  O  T  U  K  O  C  X  I  A
O  Q  C  R  Y  E  O  S  S  V  R  U  I  L
N  Z  E  M  A  R  B  O  R  D  O  O  Y  O
K  R  A  B  O  Y  V  V  R  K  O  F  A  J
I  S  N  B  L  U  A  B  R  B  T  E  E  G
Z  D  O  C  W  C  O  J  J  A  O  R  B  O
K  I  V  Q  E  U  Q  V  O  B  K  I  V  F
I  H  Z  V  B  Q  P  Q  H  P  B  O  K  H
```

BOATO	OMBRELO
BLUA	RIFO
MARBORDO	SABLO
KRABO	SANDALOJ
DOKO	TUKO
INSULO	SUNO
LAGUNO	FERIO
MARO	VELŜIPO
OCEANO	

82 - Vacances #1

```
I  G  A  E  Z  V  L  J  L  M  T  X  Q  Y
L  J  C  C  V  A  L  U  T  O  Z  S  P  V
D  O  R  S  O  S  A  K  O  P  G  H  P  A
O  L  W  Z  B  H  T  U  R  I  S  T  O  L
E  M  A  L  S  T  R  E  Ĉ  I  Ĝ  O  P  I
X  U  B  B  A  B  A  A  Ŭ  T  O  U  A  Z
P  Z  D  R  I  L  M  I  T  I  N  E  R  O
E  E  G  O  E  L  O  E  B  O  G  D  T  C
D  O  N  G  G  L  E  W  H  X  C  D  O  S
I  H  M  G  G  A  O  T  F  Y  F  A  E  L
C  V  E  X  Z  H  N  U  O  N  M  N  C  M
I  B  W  F  M  R  C  O  L  A  G  O  W  S
O  Q  S  U  F  K  W  D  D  T  H  S  T  E
A  V  I  A  D  I  L  O  F  G  J  I  U  F
```

AVIADILO	MUZEO
BILETO	OMBRELO
VALUTO	MALSTREĈIĜO
PARTO	DORSOSAKO
DOGANO	TURISTO
EXPEDICIO	TRAMO
ITINERO	VALIZO
LAGO	AŬTO

83 - Famille

```
L  F  C  E  E  D  Z  O  P  A  T  R  A  I
P  K  I  U  D  I  N  F  A  N  O  G  V  N
A  W  C  L  Z  N  K  M  T  E  P  W  O  F
T  V  J  A  I  W  U  W  R  V  A  Z  N  A
R  E  I  Y  N  N  Z  H  O  I  T  C  K  N
I  G  N  N  O  F  O  N  I  N  R  K  L  A
N  S  F  T  O  F  R  A  T  O  I  X  I  Ĝ
O  C  A  Q  T  Y  V  A  K  N  N  P  N  O
Z  S  N  R  H  P  Q  Z  T  V  A  X  O  U
O  O  O  O  H  T  Z  C  I  I  F  W  O  I
I  D  J  O  H  S  O  E  F  B  N  M  G  N
P  R  A  P  A  T  R  O  N  K  L  O  I  T
S  N  E  V  O  T  E  O  X  I  C  L  U  Z
F  M  X  O  G  A  R  U  N  G  F  T  J  Z
```

PRAPATRO	EDZO
KUZO	PATRINA
INFANAĜO	PATRINO
INFANO	NEVO
INFANOJ	NEVINO
EDZINO	ONKLO
FILINO	PATRA
FRATO	PATRO
AVINO	FRATINO
AVO	ONKLINO

84 - Oiseaux

```
P  C  C  V  P  M  E  V  O  M  I  Y  O  A
A  E  I  Z  C  I  G  C  S  E  J  U  V  F
P  M  L  G  M  B  N  H  P  F  O  B  A  V
A  B  R  I  N  J  I  G  A  X  N  B  N  X
G  N  B  K  K  O  U  G  V  B  J  W  S  I
O  B  A  R  M  A  G  L  O  E  L  C  E  P
Y  F  L  A  M  I  N  G  O  V  N  W  R  G
S  T  R  U  T  O  K  O  K  I  D  O  O  C
C  K  U  K  O  L  O  V  O  H  S  Y  S  I
W  I  A  H  J  G  L  U  R  D  J  X  X  K
Z  D  N  B  Y  G  O  W  V  H  S  Z  C  O
O  B  A  I  C  Y  M  E  O  G  D  K  P  N
P  A  S  E  R  O  B  A  R  D  E  O  J  I
A  I  O  S  S  L  O  T  O  U  C  A  N  O
```

AGLO	PINGVENO
STRUTO	PASERO
ANASO	MEVO
CIKONIO	OVO
KOLOMBO	ANSERO
KORVO	PAVO
KUKOLO	PAPAGO
CIGNO	PELIKANO
FLAMINGO	KOKIDO
ARDEO	TOUCAN

85 - Disciplines Scientifiques

```
U E K O L O G I O Q J I M T
M C N W H F E U R N Z B I E
L E F L B I O K E M I O N R
X N T Z B H L Z C Y N T E M
W P R E B B O Q N A E A R O
T I L D O O G Y Z S U N A D
K E M I O L I N Z T R I L I
X R J R I I O W G R O K O N
I M U N O L O G I O L O G A
A N A T O M I O I N O U I M
D T K P S I K O L O G I O I
J M E K A N I K O M I R I K
B I O L O G I O P I O S L O
V G X S O C I O L O G I O E
```

ANATOMIO	IMUNOLOGIO
ASTRONOMIO	MEKANIKO
BIOKEMIO	METEOLOGIO
BIOLOGIO	MINERALOGIO
BOTANIKO	NEUROLOGIO
KEMIO	PSIKOLOGIO
EKOLOGIO	SOCIOLOGIO
GEOLOGIO	TERMODINAMIKO

86 - Géographie

```
H  F  V  P  Z  B  L  O  A  O  M  M  P  Z
A  L  T  E  C  O  A  C  L  K  E  S  M  I
N  O  R  D  O  Q  N  E  A  C  R  V  H  U
M  M  V  U  W  Z  D  A  T  I  I  H  E  S
T  O  A  M  F  E  O  N  I  D  D  I  M  E
E  A  N  P  P  L  C  O  T  E  I  P  I  P
R  X  T  T  O  M  G  P  U  N  A  V  S  I
I  E  N  Q  O  J  D  X  D  T  N  R  F  B
T  R  G  I  N  S  U  L  O  O  O  Q  E  F
O  I  M  I  A  T  L  A  S  O  M  A  R  O
R  V  O  K  O  N  T  I  N  E  N  T  O  U
I  E  N  V  K  N  H  P  Y  R  I  T  P  R
O  R  D  S  U  D  O  U  G  F  Q  H  Q  B
F  O  O  T  X  C  X  S  S  P  C  H  R  O
```

ALTECO	MONDO
ATLASO	MONTO
MAPO	NORDO
KONTINENTO	OCEANO
RIVERO	OKCIDENTO
HEMISFERO	LANDO
INSULO	REGIONO
LATITUDO	SUDO
MARO	TERITORIO
MERIDIANO	URBO

87 - Danse

```
E  M  O  C  I  O  S  K  B  M  C  E  S  M
L  S  O  P  H  B  M  U  I  K  K  B  Y  U
Y  S  P  G  I  Z  W  L  P  R  O  V  O  Z
M  P  H  R  N  T  Ĝ  T  S  A  H  I  O  I
J  N  P  A  I  Y  O  U  I  K  N  D  X  K
K  D  K  C  U  M  J  R  V  A  P  A  Q  O
K  L  F  E  G  T  A  O  L  D  X  R  S  Q
V  U  A  M  O  V  A  D  O  E  D  R  I  P
B  Z  L  S  O  X  R  I  T  M  O  M  N  Y
L  Y  M  T  I  O  T  O  M  I  H  E  T  W
B  Y  F  X  U  K  O  R  P  O  O  Q  E  E
Q  Y  Y  S  T  R  A  D  I  C  I  A  N  G
C  E  X  I  V  P  A  R  T  N  E  R  O  H
A  K  O  R  E  G  R  A  F  I  O  V  D  A
```

AKADEMIO	ĜOJA
ARTO	MOVADO
KOREGRAFIO	MUZIKO
KLASIKA	PARTNERO
KORPO	SINTENO
KULTURO	PROVO
KULTURA	RITMO
ESPRIMA	TRADICIA
EMOCIO	VIDA
GRACE	

88 - Bâtiments

```
Q  B  A  P  A  R  T  A  M  E  N  T  O  L
K  A  B  A  N  O  L  E  R  N  E  J  O  H
L  N  T  U  R  O  H  K  A  S  T  E  L  O
U  Z  I  N  O  C  R  O  U  T  U  F  J  S
A  M  B  A  S  A  D  O  T  K  R  N  K  P
W  W  V  K  U  I  M  U  Z  E  O  O  K  I
X  X  S  J  N  H  G  D  F  G  L  O  I  T
O  B  S  E  R  V  A  T  O  R  I  O  N  A
O  H  M  X  O  M  R  O  B  E  A  E  O  L
T  E  N  D  O  L  A  F  W  N  K  V  G  O
E  V  M  X  X  H  Ĝ  K  Z  E  U  N  T  K
T  N  R  X  W  T  O  T  B  J  K  V  A  P
G  E  L  A  B  O  R  A  T  O  R  I  O  I
S  T  A  D  I  O  H  Z  P  Y  Z  J  H  T
```

AMBASADO	HOTELO
APARTAMENTO	LABORATORIO
KABANO	MUZEO
KASTELO	OBSERVATORIO
KINO	STADIO
LERNEJO	TENDO
GARAĜO	TEATRO
GRENEJO	TURO
HOSPITALO	UZINO

89 - Pêche

```
R  H  O  N  G  L  H  P  S  E  G  B  U  A
I  O  A  E  Q  U  N  Y  J  O  D  L  S  D
V  K  S  V  E  M  K  R  W  K  G  S  N  C
E  O  Q  K  S  L  J  M  T  R  O  I  G  O
R  A  X  U  E  K  I  P  A  Ĵ  O  J  E  N
O  B  O  I  D  Q  T  A  K  K  J  B  P  B
B  L  D  R  A  T  O  C  V  T  Z  S  G  R
L  O  L  I  N  W  C  I  O  L  U  E  P  I
O  A  A  S  O  I  E  E  E  Z  D  Z  L  K
G  D  G  T  N  Y  A  N  S  U  P  O  A  O
A  P  C  O  O  Q  N  C  O  J  T  N  Ĝ  J
Ĵ  E  R  A  W  Y  O  O  H  M  Q  O  O  W
O  Z  E  M  A  K  O  R  B  O  P  L  P  G
Z  O  Q  I  S  S  N  M  Q  U  W  R  C  G
```

LOGAĴO	RIVERO
BOATO	LAGO
BRIKOJ	MAKZELO
HOKO	OCEANO
KUIRISTO	KORBO
AKVO	PACIENCO
TROIGO	PLAĜO
EKIPAĴO	PEZO
DRATO	SEZONO

90 - Activités et Loisirs

R	L	U	T	O	O	N	M	I	P	B	A	B	W
E	P	B	U	S	Z	A	C	C	E	A	L	O	U
S	Z	T	B	P	F	K	V	H	Z	S	T	K	V
B	A	C	C	X	Q	G	O	T	P	K	I	S	O
H	S	N	B	N	V	B	J	H	L	E	G	A	L
F	I	Ŝ	K	A	P	T	A	D	O	T	A	D	E
P	D	W	B	Ĝ	S	U	Ĝ	W	N	B	N	O	I
E	X	B	R	A	X	B	O	B	Ĝ	A	T	K	B
N	T	E	N	D	U	M	A	D	O	L	A	W	O
T	L	Q	J	O	G	B	G	L	D	O	N	H	L
R	F	U	T	B	A	L	O	O	O	E	E	A	D
O	J	S	U	R	F	I	N	G	L	F	B	R	I
T	E	N	I	S	O	Y	U	J	X	F	E	T	W
W	B	H	Ĝ	A	R	D	E	N	A	D	O	O	H

ARTO	PENTRO
BASBALO	FIŜKAPTADO
BASKETBALO	PLONĜO
BOKSADO	ALTIGANTA
TENDUMADO	SURFING
FUTBALO	TENISO
GOLFO	VOLEIBOL
ĜARDENADO	VOJAĜO
NAĜADO	

91 - Livres

```
L I T E R A T U R A H K A W
L E G A N T O D K N F R Q C
C U N Ŭ P T R A G I K A O P
H I S T O R I A Q G G K A G
E O J O E O R E L E V O Q X
K P S R Z M A J Y E M N K J
A U O O I A J P A Ĝ O T O D
J V N P O N S E R I O A L C
Z H E T E O R A A N I N E W
W Q M N E A A J K V C T K Y
R G H R T K K P O E M O T P
D U E C O U S P N N N T O V
E D F U N J R T T T S S K Z
H U M U R A K O O A Z I E L
```

AŬTORO
AVENTURO
KOLEKTO
KUNTEKSTO
DUECO
EPOPEA
RAKONTO
HISTORIA
HUMURA
INVENTA

LEGANTO
LITERATURA
RAKONTANTO
PAĜO
RELEVO
POEMO
POEZIO
ROMANO
SERIO
TRAGIKA

92 - Pays #2

```
K E N J O P A K I S T A N O
A L R A A U L Ĉ Z T I H Z I
C G B M F X B I S I R I O N
P Q I A T H A N B L L Q R D
Z A J J M T N I E A A A F O
E S C K V W I O X O N Y R N
P O I O D Z O S I S D O A E
H M E K S I K O U O O T N Z
J A P A N I O Y Y D N T C I
A L I R U S I O M D A N I O
D I Z T F E K W X F R N O E
L O W F I U K R A I N I O O
F T P F K O B X L O M L D W
U G A N D O B K F R Y J A B
```

ALBANIO
ĈINIO
DANIO
FRANCIO
HAITIO
INDONEZIO
IRLANDO
JAMAJKO
JAPANIO
KENJO

LAOSO
LIBANO
MEKSIKO
UGANDO
PAKISTANO
RUSIO
SOMALIO
SUDANO
SIRIO
UKRAINIO

93 - Fournitures d'Art

```
A  O  Q  E  B  R  O  S  O  J  Y  Y  Q  K
K  O  S  G  S  P  A  S  T  E  L  O  J  N
V  A  R  U  C  T  Q  Y  Y  L  M  C  J  R
A  K  V  O  K  R  A  J  O  N  O  J  F  H
R  R  S  G  K  A  R  B  O  K  Q  K  O  G
E  I  T  E  C  V  G  C  L  H  O  O  T  I
L  L  A  H  Ĝ  Y  I  N  K  O  E  L  I  G
O  I  B  E  S  O  L  P  O  L  E  O  L  L
J  K  L  H  M  E  O  Z  A  K  F  R  O  U
H  O  O  G  K  R  K  M  S  P  K  O  L  O
I  D  E  O  J  A  V  O  U  H  E  J  Z  R
O  X  W  N  Z  S  T  M  X  A  D  R  F  N
Z  S  E  Z  A  E  R  R  Y  A  A  Q  O  Y
E  J  I  L  K  R  E  A  V  O  L  A  S  Q
```

AKRILIKO	KRAJONOJ
AKVARELOJ	KREAVO
ARGILO	AKVO
BROSOJ	INKO
FOTILO	ERASER
SEĜO	OLEO
KARBO	IDEOJ
ESTABLO	PAPERO
GLUO	PASTELOJ
KOLOROJ	TABLO

94 - Jouets

```
J Z M M K M Z Ŝ A T A T A I
P J Z K A B T R A J N O O M
I X O M M U A Z C K A M K A
L F E I I U M O A N O J M G
K M N C O J B K V S P M T P
O G E A N V U Z I G N E G O
B O A T O L R K A J T O F V
K E E F I B O O D P U P O O
U N J M Z O J O I L A Ŭ T O
L I B R O J J G L U A V I C
T G B I C I K L O D M Z C E
I M A R G I L O S O Q O T C
R O B O T O H G D J E A M Z
S C N X F W T J C Z V M L H
```

ARGILO	LUDOJ
METIOJ	LIBROJ
AVIADILO	PUPO
PILKO	ENIGMO
BOATO	ROBOTO
KAMIONO	TAMBUROJ
KAJTO	TRAJNO
ŜAKO	BICIKLO
ŜATATA	AŬTO
IMAGPOVO	

95 - Eau

```
H  A  N  L  F  H  H  E  W  Y  H  K  P  A
Q  Z  M  D  P  D  U  G  T  R  V  R  L  M
V  G  L  A  C  I  O  M  R  T  N  L  U  R
I  A  D  G  L  A  G  O  I  P  E  H  V  I
W  W  P  V  T  N  X  C  N  D  Ĝ  O  O  V
I  W  N  O  Q  K  K  E  K  U  O  N  I  E
U  G  E  S  R  J  X  A  E  Ŝ  G  D  R  R
U  R  P  K  O  I  R  N  B  O  E  O  I  O
J  R  H  D  P  C  Ĝ  O  L  A  J  J  G  V
M  M  A  F  N  T  Y  O  E  T  S  H  A  A
Y  M  P  G  I  N  U  N  D  O  E  E  D  P
L  K  S  U  A  I  T  B  X  Y  R  P  O  O
J  E  Q  Z  G  N  R  G  O  Q  O  C  Y  R
K  A  N  A  L  O  O  F  R  O  S  T  O  O
```

KANALO	IRIGADO
DUŜO	LAGO
VAPORIĜO	NEĜO
RIVERO	OCEANO
FROSTO	URAGANO
GEJSERO	PLUVO
GLACIO	TRINKEBLE
HUMIDO	ONDOJ
INUNDO	VAPORO

96 - Paysages

```
Y E O R E E P X W L Z R W W
D V Z R A Y V Z V N N R O E
P E N I N S U L O I Y K S M
O G Z V G O L F I I Q M E H
A L A E E C K D N T I T N K
Z A V R R X A I S V A L O A
O C K O C T N L U O K G R V
G E G P O P O A L M V T B E
O R E Q L C T G O A O U N R
L O J F I A R O Q R F N R N
F Y S Z Q B Ĝ F V O A D T O
O X E P Y W E O N E L R Y O
M A R Ĉ O C E A N O O O Q A
W G O G L A C E B E R G O E
```

AKVOFALO	MARĈO
DEZERTO	MARO
RIVERO	MONTO
GEJSERO	OAZO
GLACERO	OCEANO
GOLFO	PENINSULO
KAVERNO	PLAĜO
GLACEBERGO	TUNDRO
INSULO	VALO
LAGO	VULKANO

97 - Nombres

```
N  A  Ŭ  S  D  E  K  N  A  Ŭ  Q  D  T  A
B  G  O  K  G  E  V  U  D  U  J  E  C  I
J  T  T  R  I  L  K  B  E  D  V  K  H  V
C  W  M  N  M  H  G  K  K  E  B  T  C  C
D  E  K  S  E  P  O  H  V  C  Y  R  G  C
U  U  P  E  D  E  K  O  K  I  J  I  N  E
C  X  D  S  Q  V  L  K  X  M  N  Z  U  O
M  Y  E  E  J  V  O  E  O  A  J  S  L  V
S  P  K  U  K  V  I  N  C  L  M  D  W  Y
E  I  D  T  G  V  N  R  C  A  J  I  F  Y
P  W  U  E  T  N  A  D  E  K  S  E  S  F
J  I  U  Z  C  T  W  R  K  F  D  W  T  A
T  W  Z  J  A  C  R  Z  I  W  W  L  A  K
S  N  N  O  L  H  D  E  K  K  V  A  R  A
```

KVIN	DEK KVAR
DU	KVAR
DECIMALA	DEK KVIN
DEK	DEK SES
DEK OK	SEP
DEK NAŬ	SES
DEK SEP	DEK TRI
DEK DU	TRI
OK	DUDEK
NAŬ	NUL

98 - Nature

```
D  S  B  E  S  T  O  J  K  D  G  N  W  M
S  G  L  A  C  E  R  O  R  I  V  E  R  O
F  O  L  I  O  J  T  L  Y  N  W  B  N  N
D  N  V  R  I  L  R  E  S  A  O  U  E  T
G  C  Y  A  U  Y  O  C  H  M  B  L  M  O
M  X  I  B  Ĝ  Z  P  M  K  I  W  O  A  J
O  M  F  E  L  A  I  C  J  K  P  Y  L  D
S  E  A  L  N  F  K  C  D  A  R  E  H  E
I  E  R  O  B  U  A  W  H  Q  I  R  A  Z
O  O  K  J  H  E  B  L  X  D  F  O  V  E
I  Y  T  O  E  T  L  O  R  I  U  Z  E  R
J  O  O  U  E  S  K  E  J  F  Ĝ  I  B  T
A  R  B  A  R  O  P  A  C  A  O  O  L  O
S  E  R  E  N  A  M  B  T  O  N  E  A  V
```

ABELOJ	ARBARO
BESTOJ	GLACERO
ARKTO	MONTOJ
BELECO	NUBOJ
NEBULO	PACA
DEZERTO	RIFUĜO
DINAMIKA	SOVAĜA
EROZIO	SERENA
FOLIOJ	TROPIKA
RIVERO	NEMALHAVEBLA

99 - Bateaux

```
K  M  Z  D  C  D  X  K  M  O  T  O  R  O
B  U  O  Q  W  O  C  A  A  A  U  Q  N  V
I  D  Q  K  F  D  Q  N  R  J  S  M  J  E
F  D  P  R  I  M  O  K  E  Z  A  T  M  L
N  A  Ŭ  T  I  K  A  R  D  I  B  K  O  Ŝ
F  L  O  S  O  V  E  O  Ŝ  N  U  R  O  I
Y  A  M  I  O  C  E  A  N  O  I  Y  S  P
E  G  A  U  K  M  A  R  I  S  T  O  K  O
W  O  R  I  K  A  N  U  O  X  P  E  I  Z
O  Z  O  O  N  D  O  J  B  G  W  W  P  Z
T  H  W  E  L  Y  C  A  Q  R  Y  J  O  X
V  T  N  C  H  M  W  Ĉ  W  Y  T  M  J  D
E  B  C  F  A  Z  U  T  V  W  I  K  V  W
C  O  I  K  R  E  D  O  B  A  S  W  F  W
```

ANKRO	MARE
BUO	MASTO
KANUO	MARO
ŜNURO	MOTORO
SKIPO	NAŬTIKA
PRIMO	OCEANO
RIVERO	FLOSO
KAJAKO	ONDOJ
LAGO	VELŜIPO
MARISTO	JAĈTO

100 - Mesures

```
E B Z A Y V T M G U V W C B
M Q Q K I L O G R A M O O M
J A K I B D A S A V D D U I
J O S L A B B C M E E P P N
P E Z O J Y T E O A C R X U
C X N M T T U N O T I O S T
G B B E O V N T M J M F L O
C W C T Z O C I E H A U C O
L I T R O K O M T M L N B Z
A A G O U D R E R P A D U N
E H R C H A L T O E Y O B I
W M A Ĝ D G O R L O N G O W
Q X D V O P K O V O L U M O
Q M O D D X G C K E R Q P I
```

CENTIMETRO	MASO
GRADO	METRO
DECIMALA	MINUTO
GRAMO	BAJTO
ALTO	UNCO
KILOGRAMO	PEZO
KILOMETRO	COLO
LARĜO	PROFUNDO
LITRO	TUNO
LONGO	VOLUMO

1 - Été

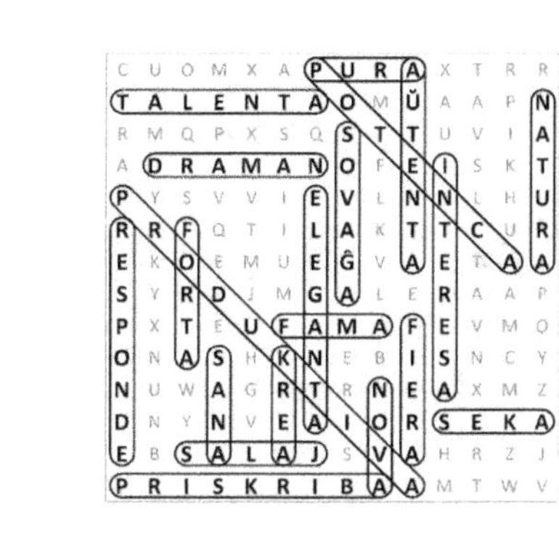

2 - Adjectifs #2

3 - Exploration

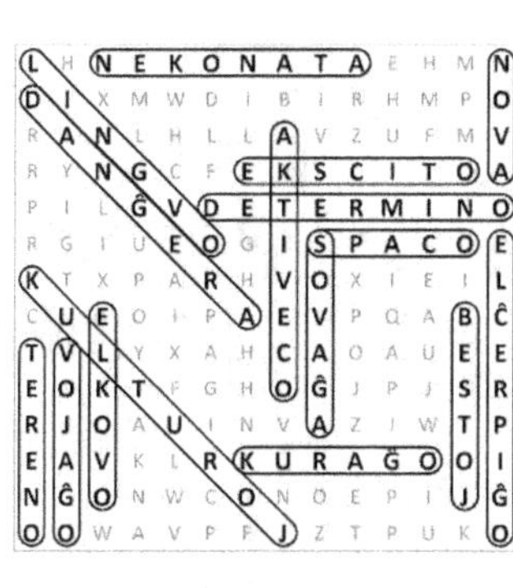

4 - Formes

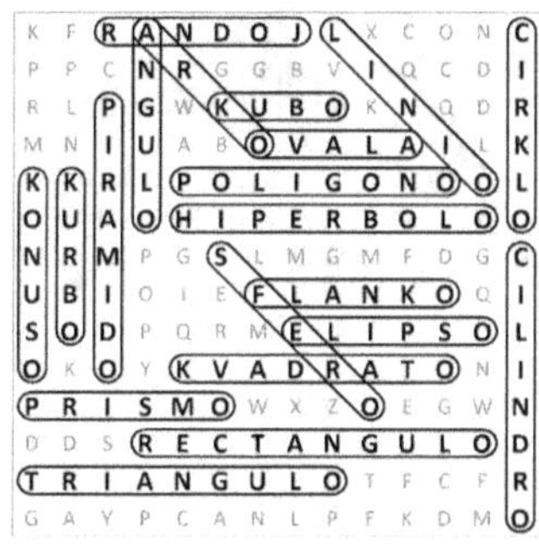

5 - Adjectifs #1

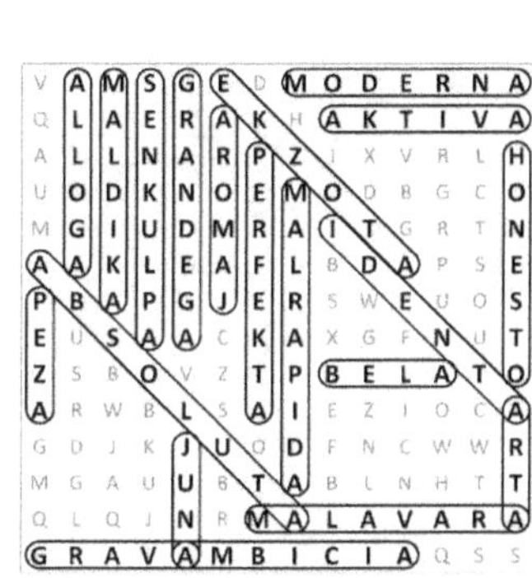

6 - Instruments de Musique

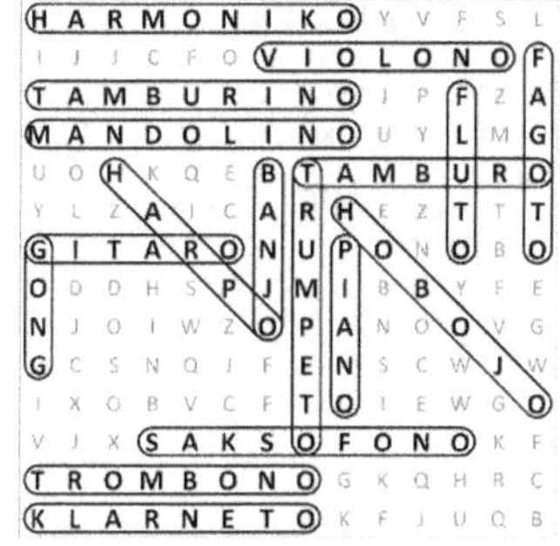

7 - Échecs

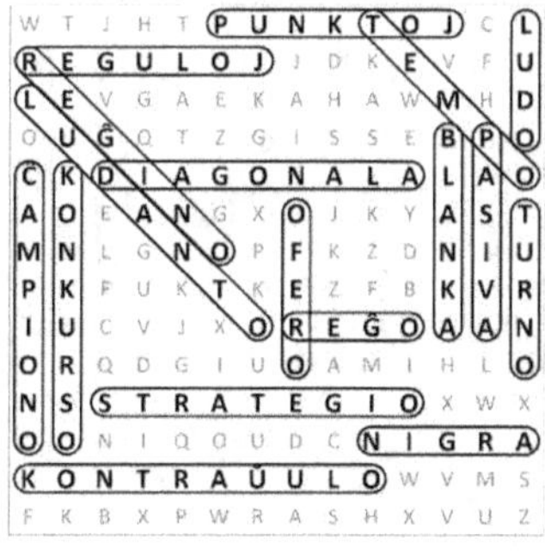

8 - Herboristerie

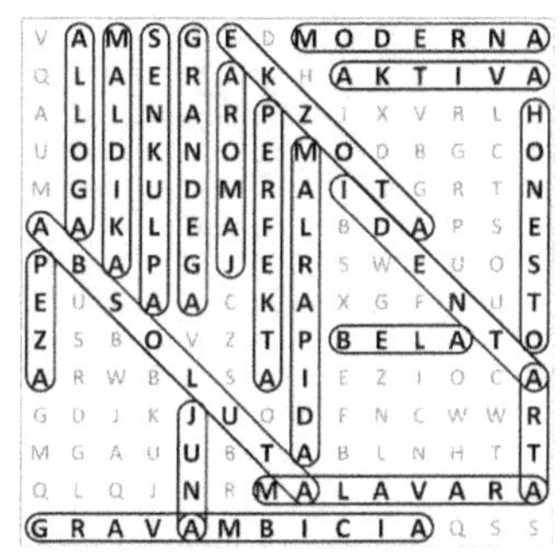

9 - Véhicules

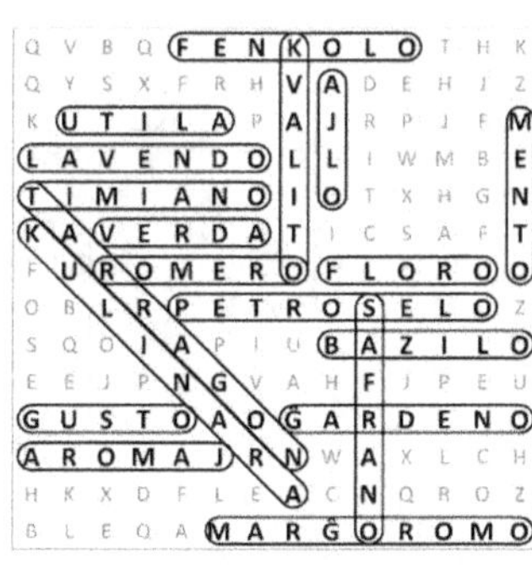

10 - Camping

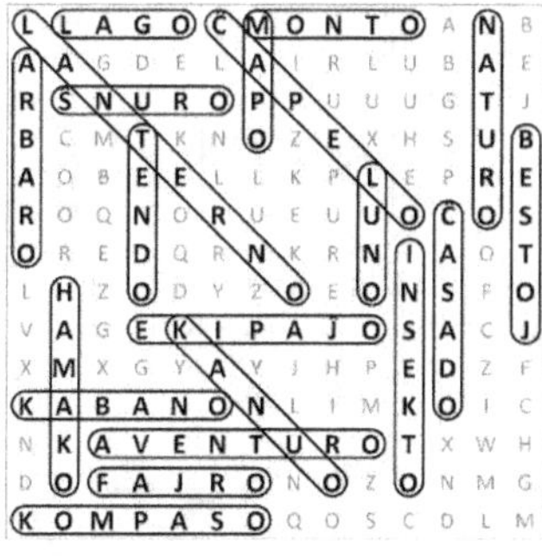

11 - Conservation

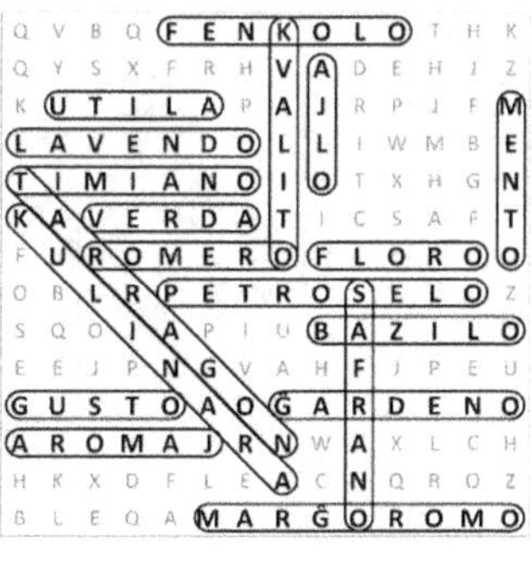

12 - Écologie

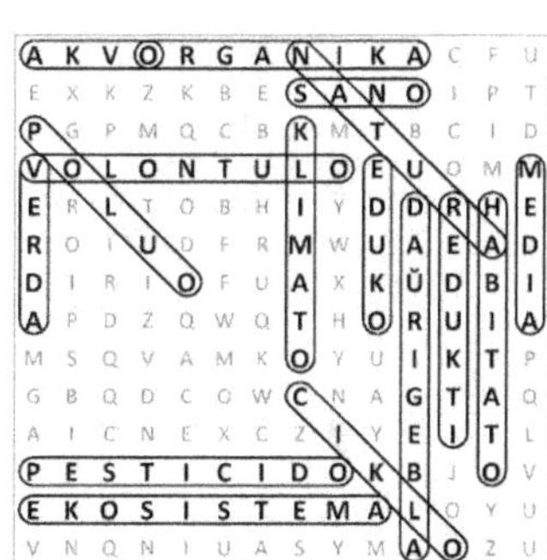
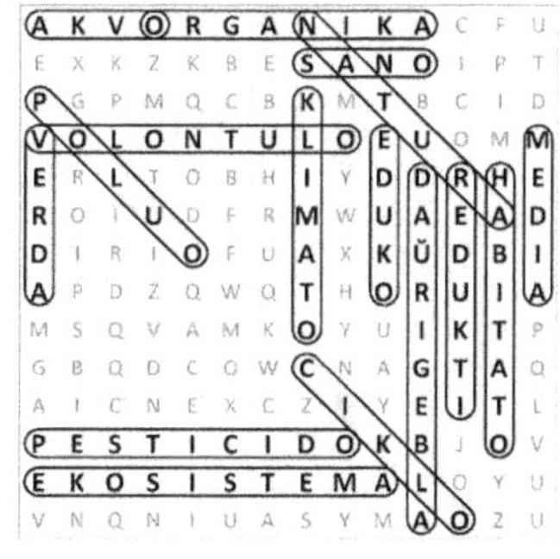
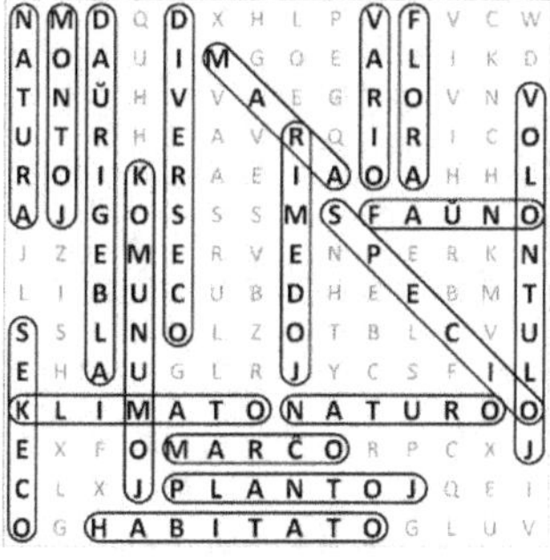

13 - Astronomie

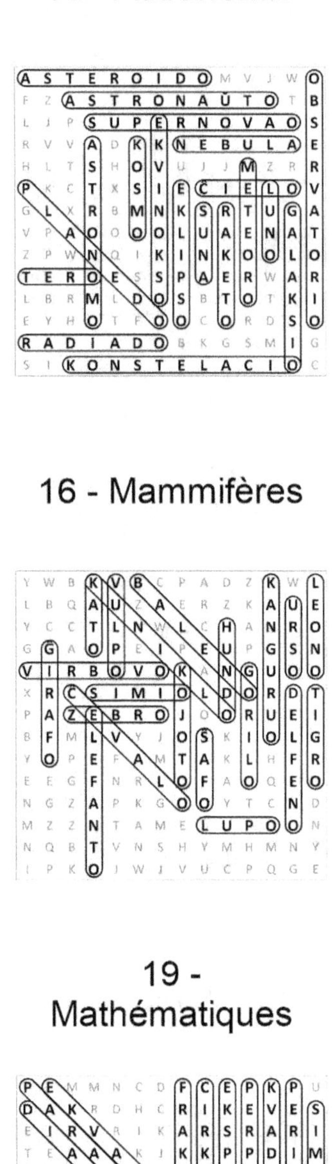

14 - Types de Cheveux

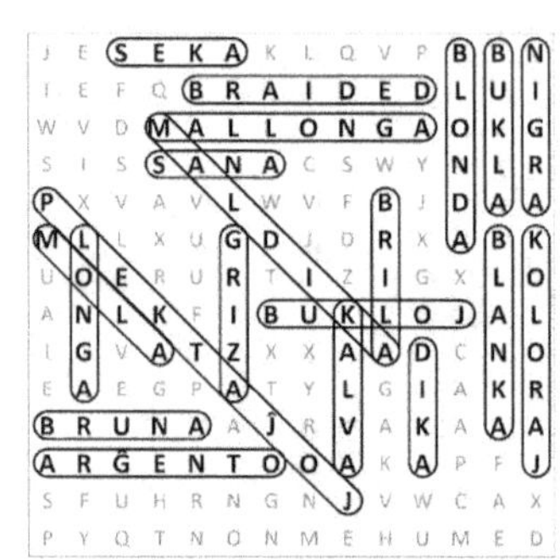

15 - Restaurant #1

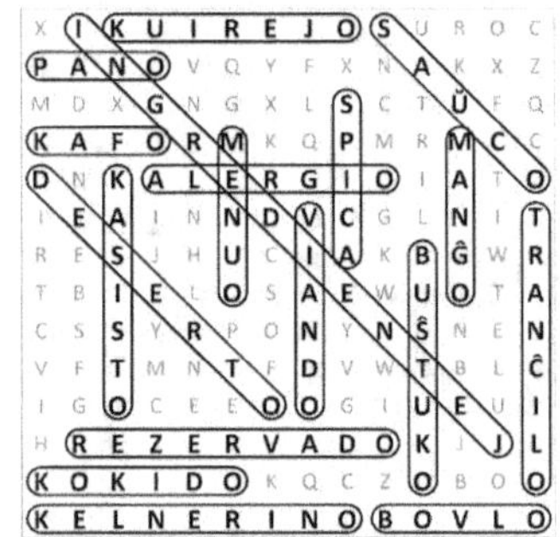

16 - Mammifères

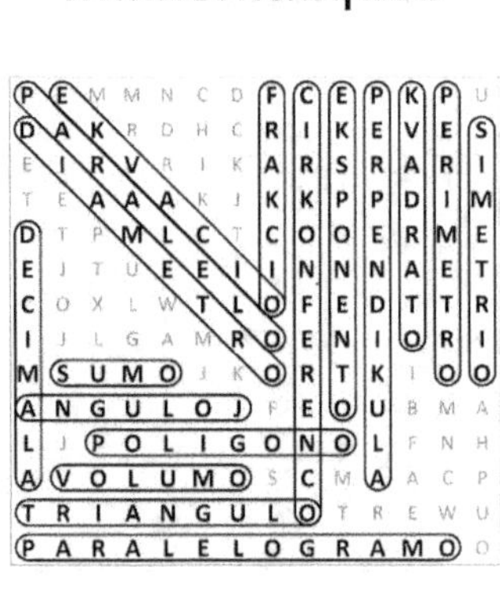

17 - Sports

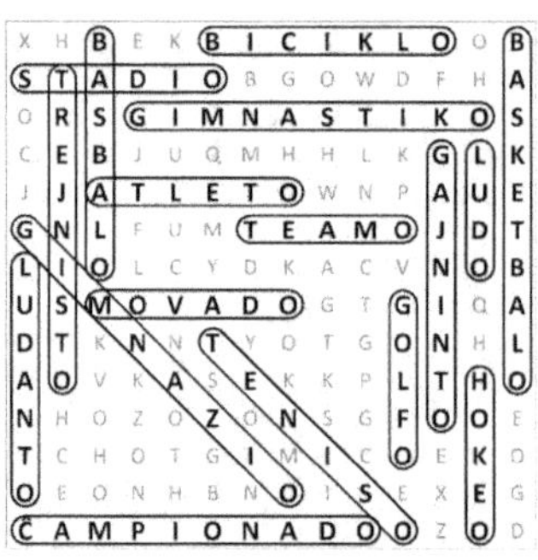

18 - Chocolat

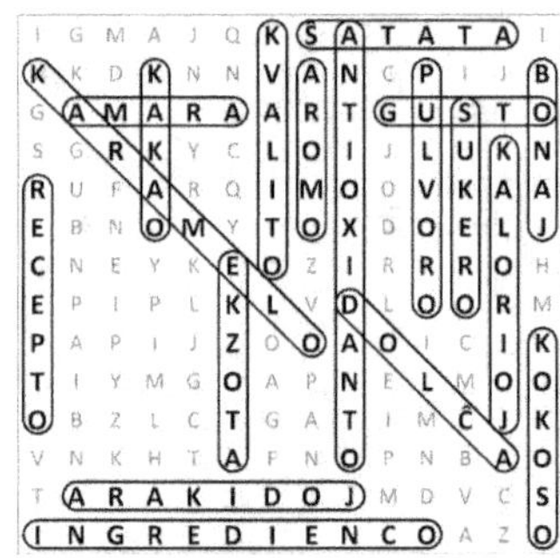

19 - Mathématiques

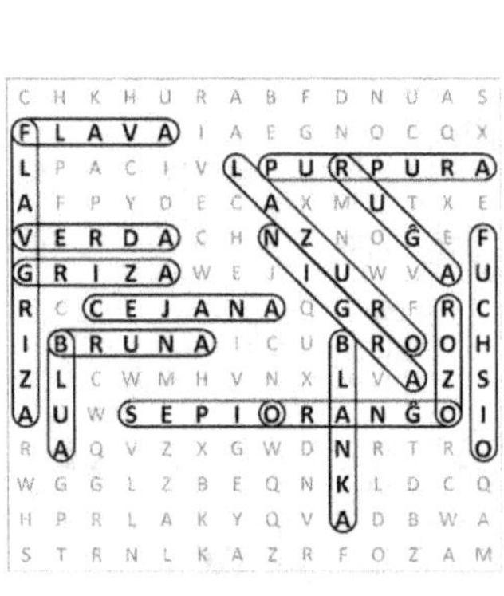

20 - Mythologie

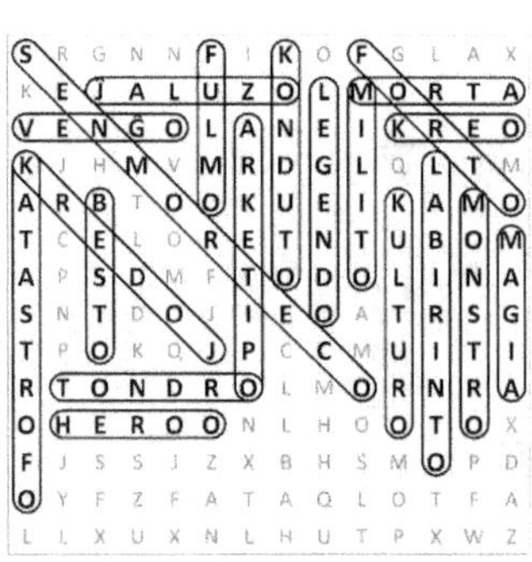

21 - Restaurant #2

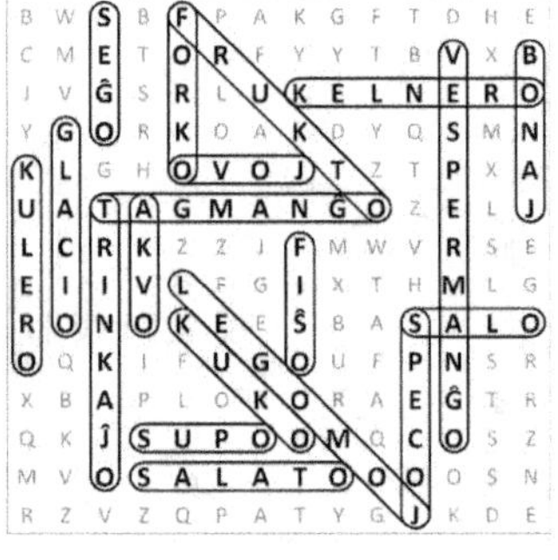

22 - Couleurs

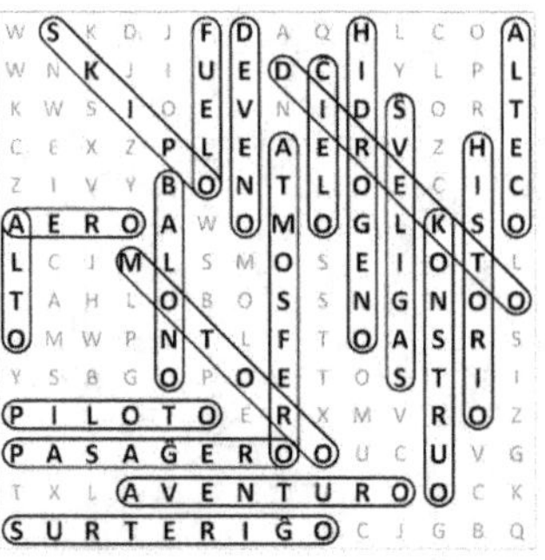

23 - Avions

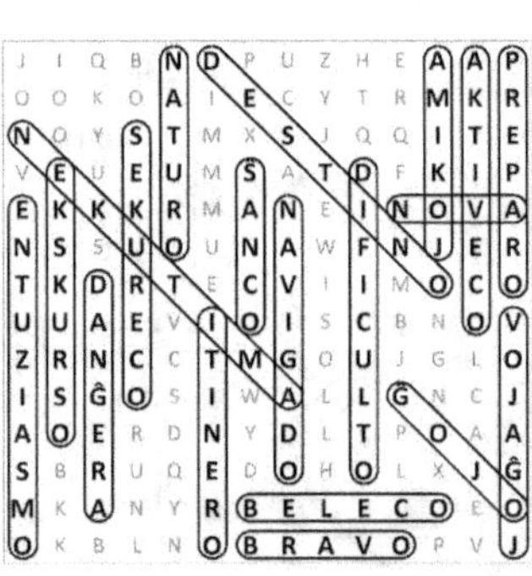

24 - Aventure

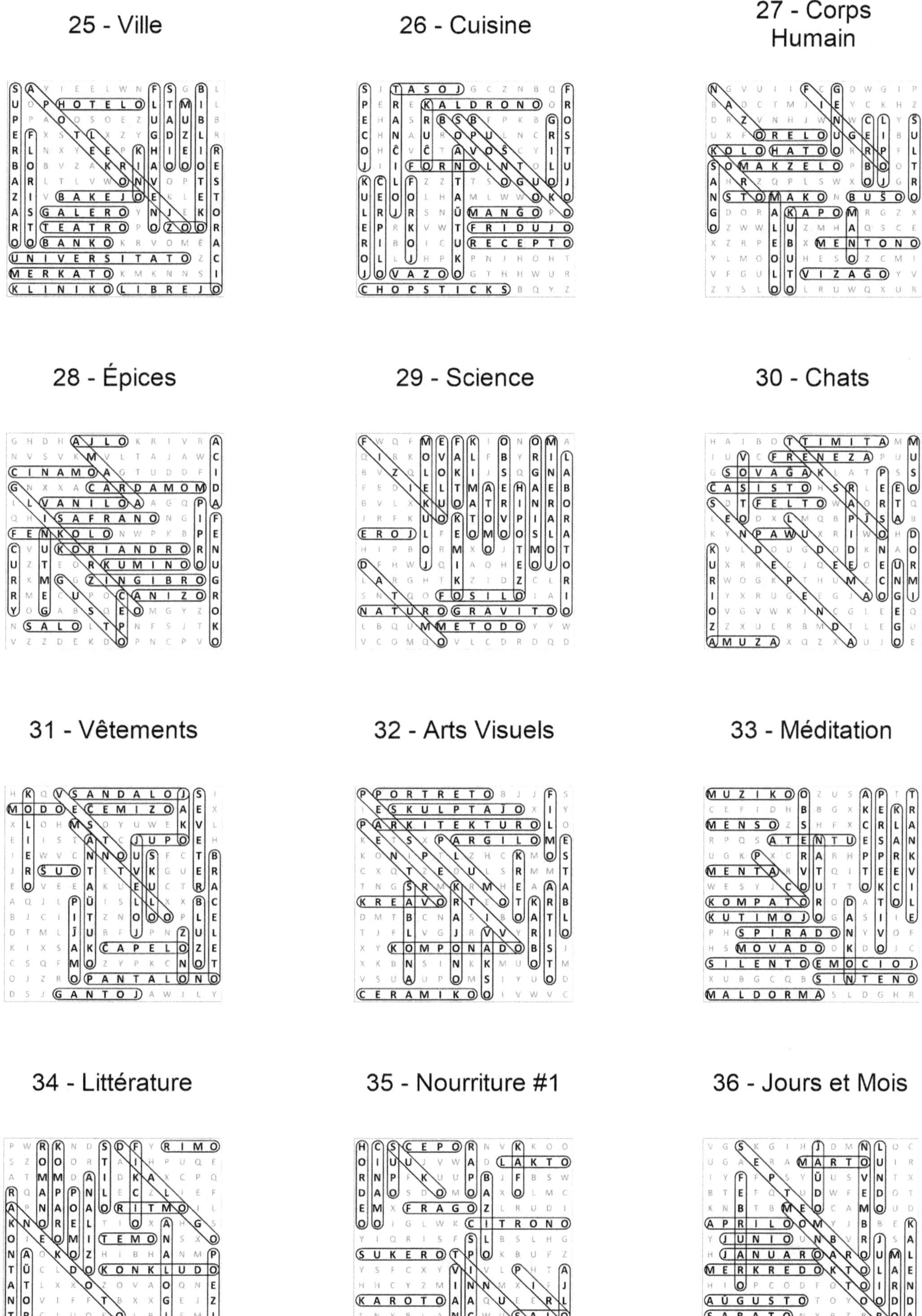

25 - Ville
26 - Cuisine
27 - Corps Humain
28 - Épices
29 - Science
30 - Chats
31 - Vêtements
32 - Arts Visuels
33 - Méditation
34 - Littérature
35 - Nourriture #1
36 - Jours et Mois

37 - Championnat

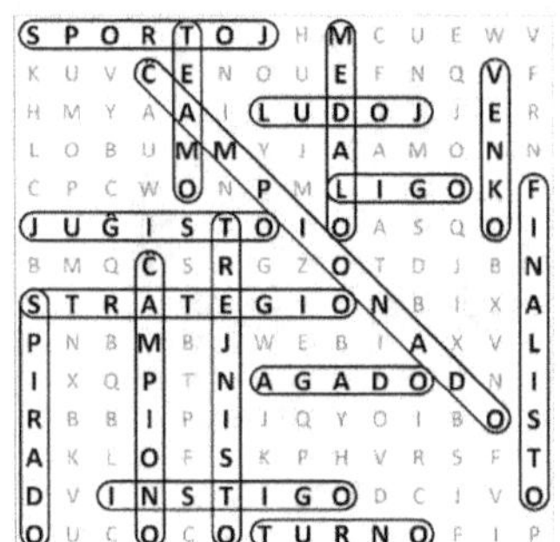

38 - Pirates

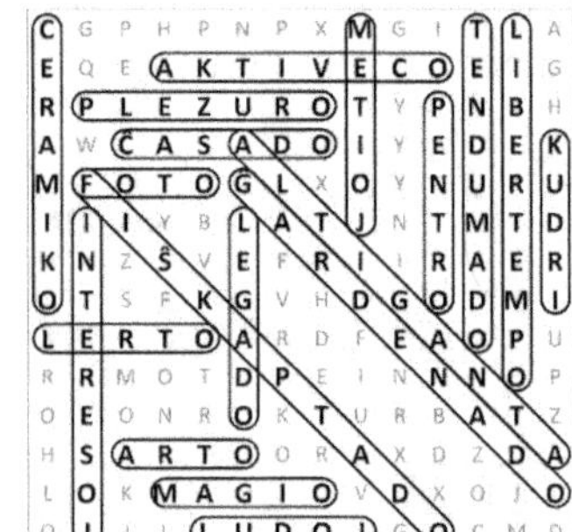

39 - Activités

40 - Fleurs

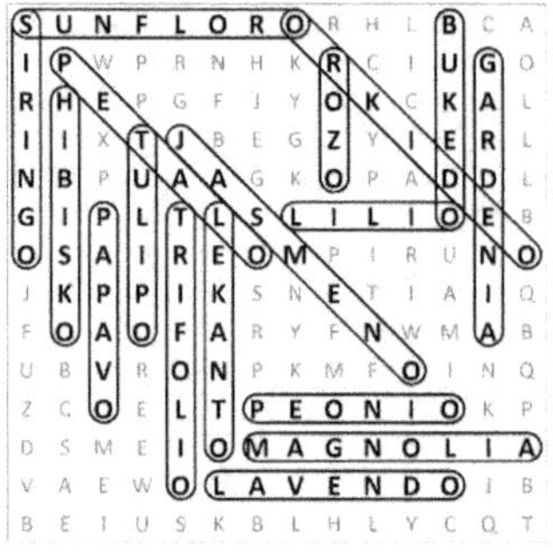

41 - Nourriture #2

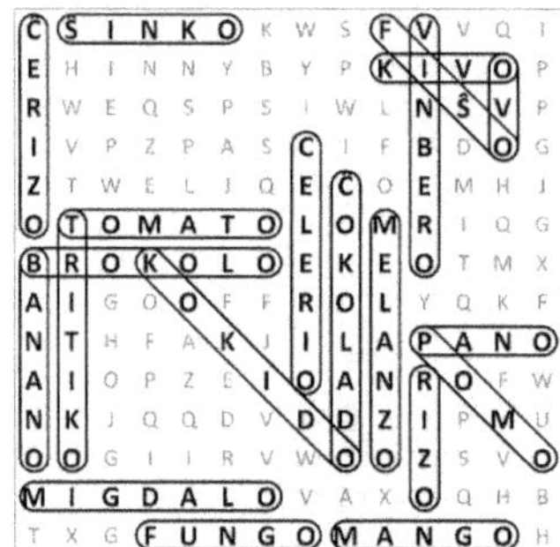

42 - Océan

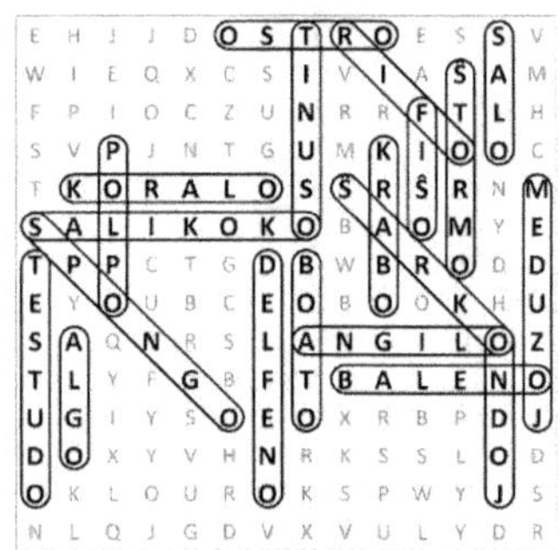

43 - Remplir

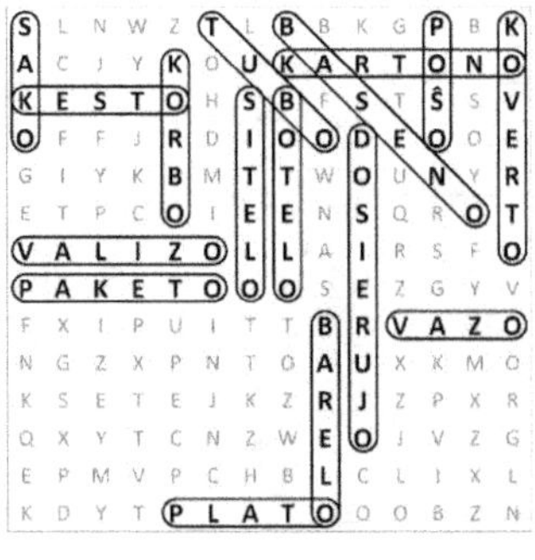

44 - Ballet

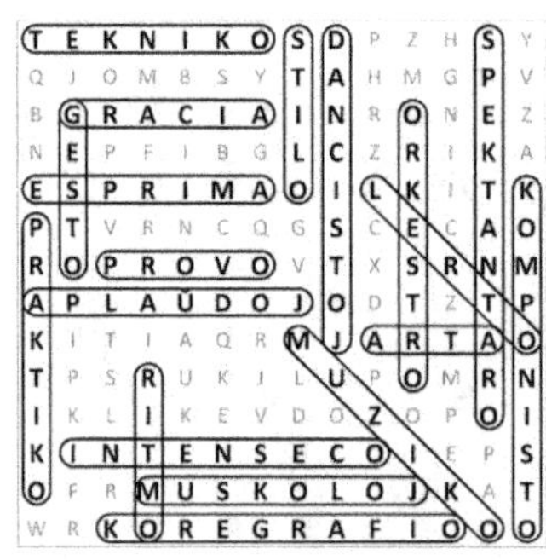

45 - Fruit

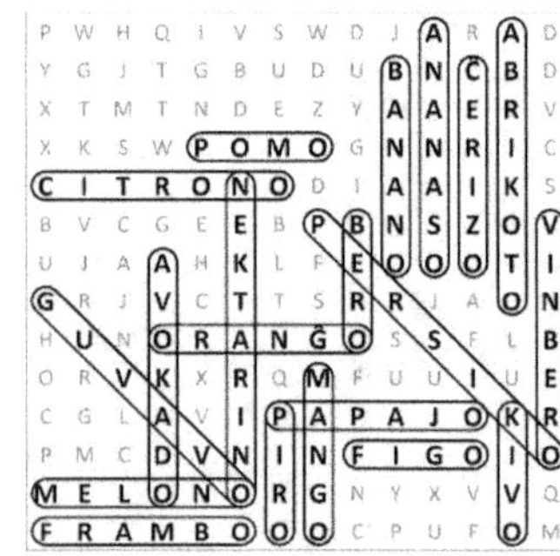

46 - Surf

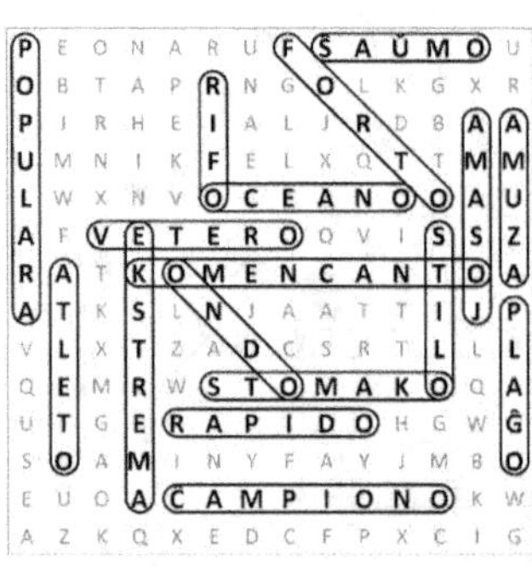

47 - Technologie

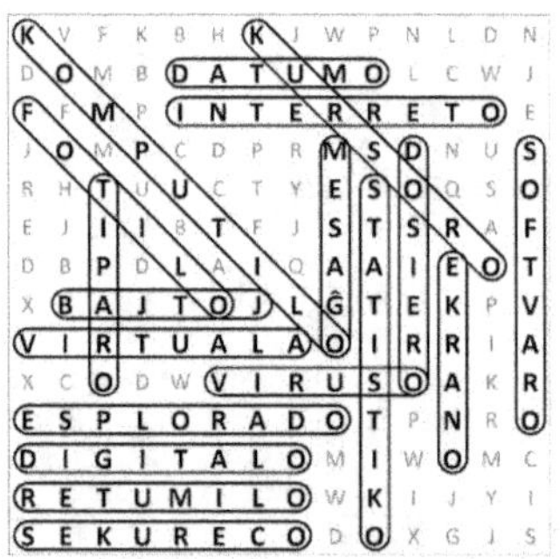

48 - Météo

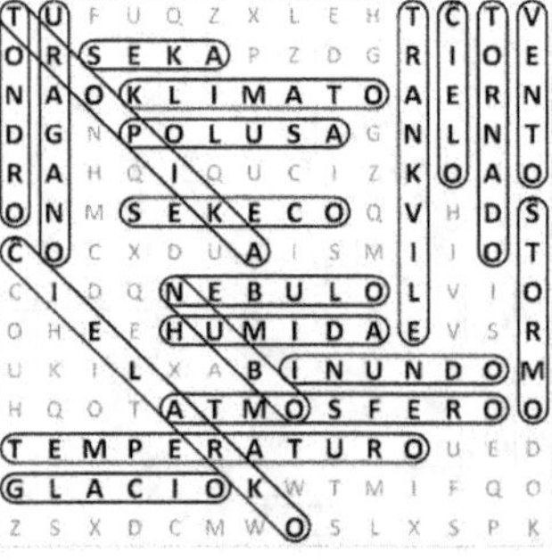

49 - Châteaux

50 - Randonnée

51 - Meubles

52 - Art

53 - Nutrition

54 - Science Fiction

55 - Vertus #1

56 - Professions #1

57 - Géologie

58 - Cirque

59 - Jardin

60 - Barbecues

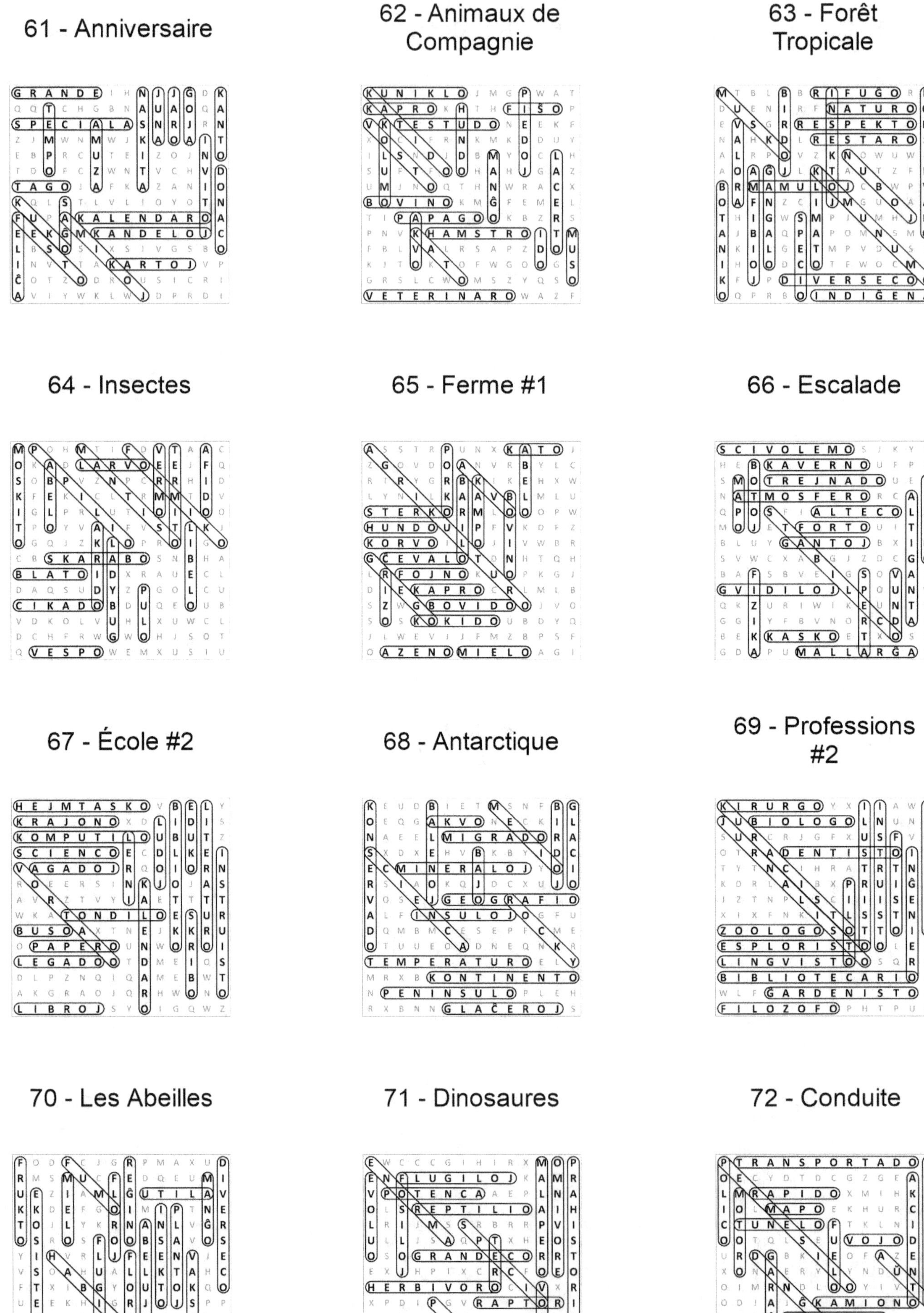

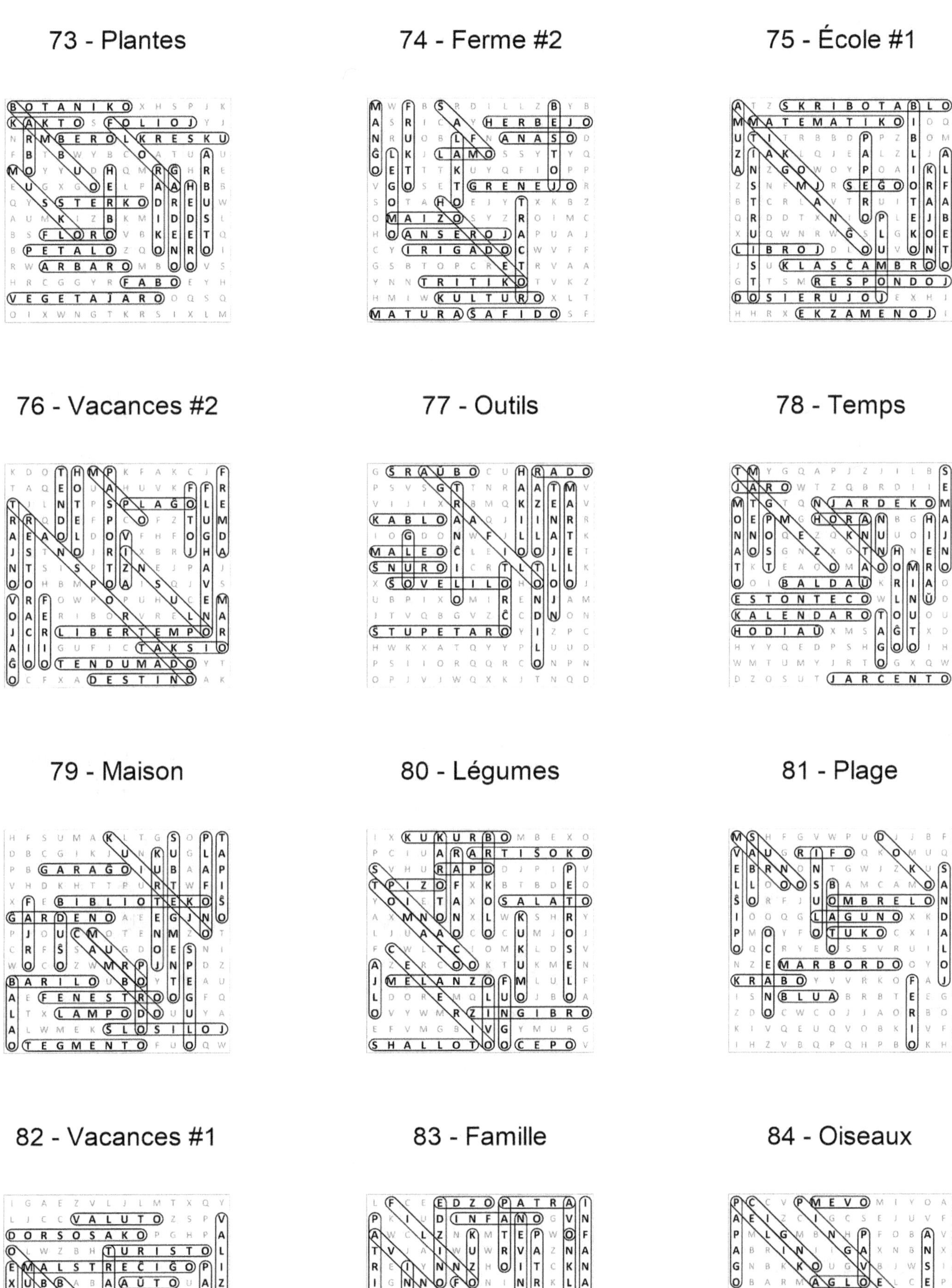

73 - Plantes
74 - Ferme #2
75 - École #1
76 - Vacances #2
77 - Outils
78 - Temps
79 - Maison
80 - Légumes
81 - Plage
82 - Vacances #1
83 - Famille
84 - Oiseaux

85 - Disciplines Scientifiques

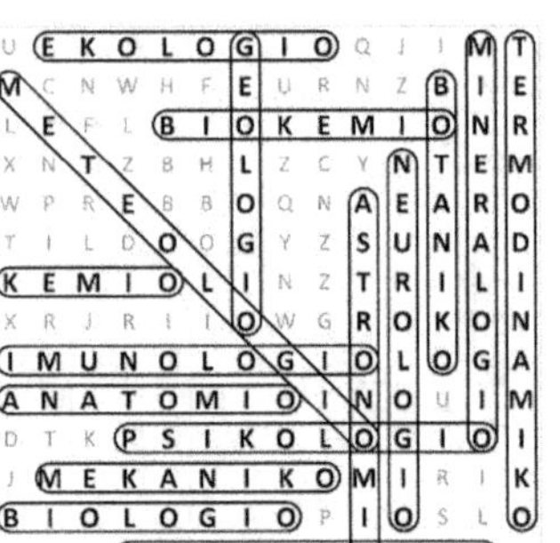

86 - Géographie

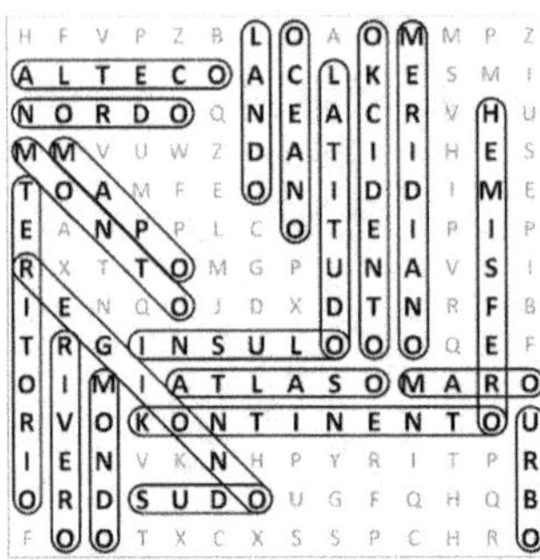

87 - Danse

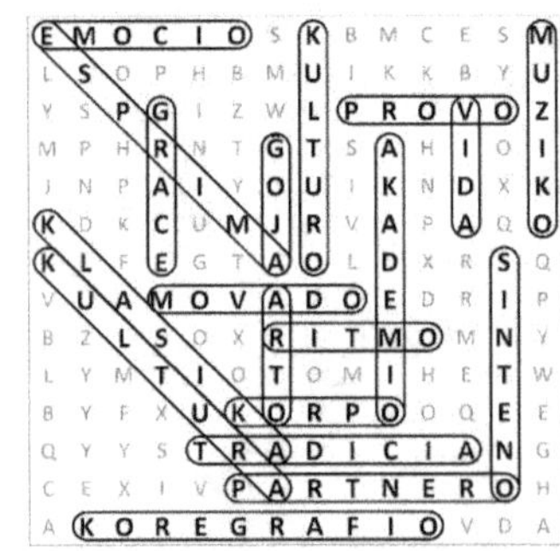

88 - Bâtiments

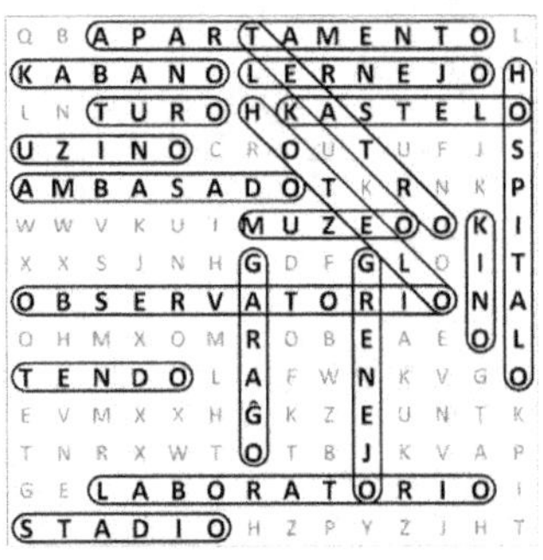

89 - Pêche

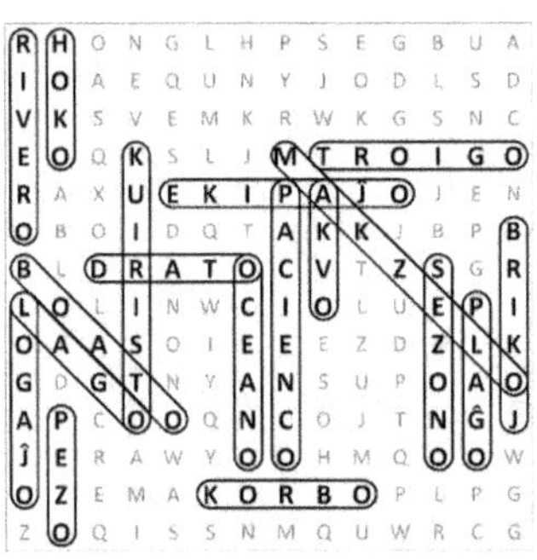

90 - Activités et Loisirs

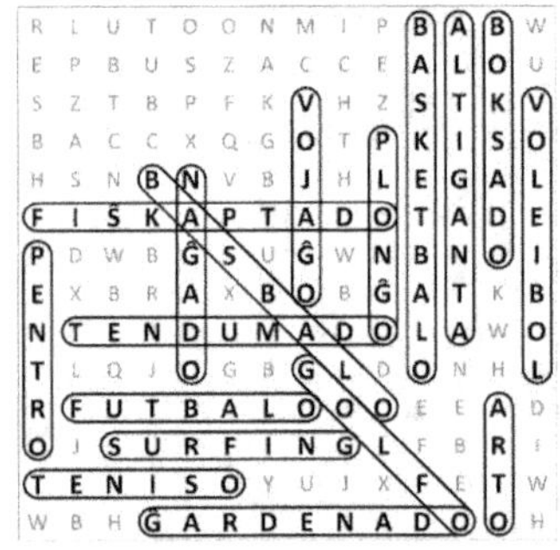

91 - Livres

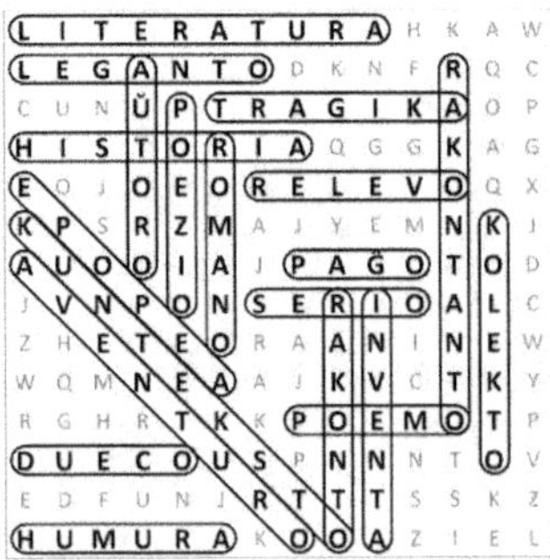

92 - Pays #2

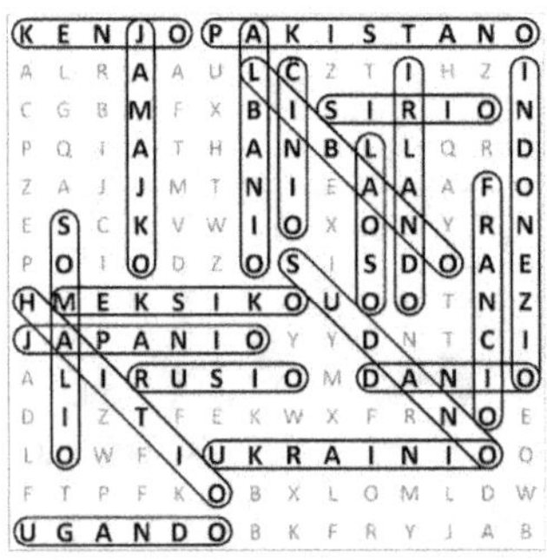

93 - Fournitures d'Art

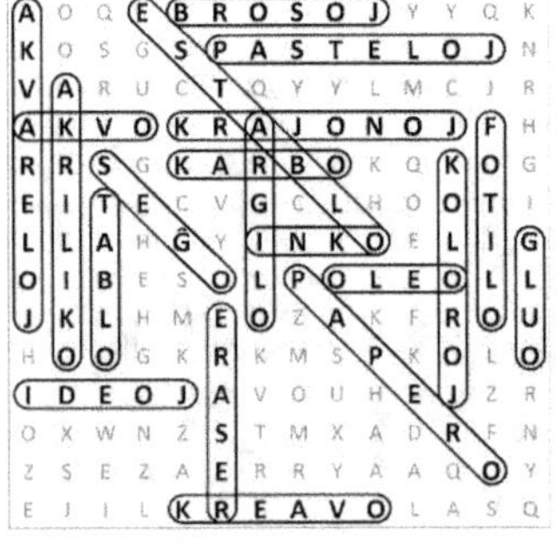

94 - Jouets

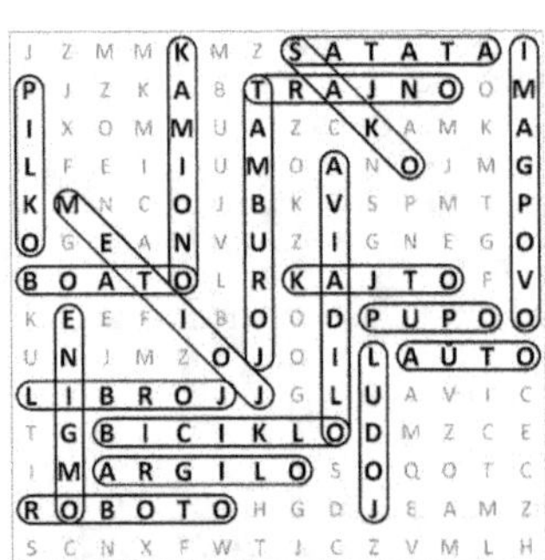

95 - Eau

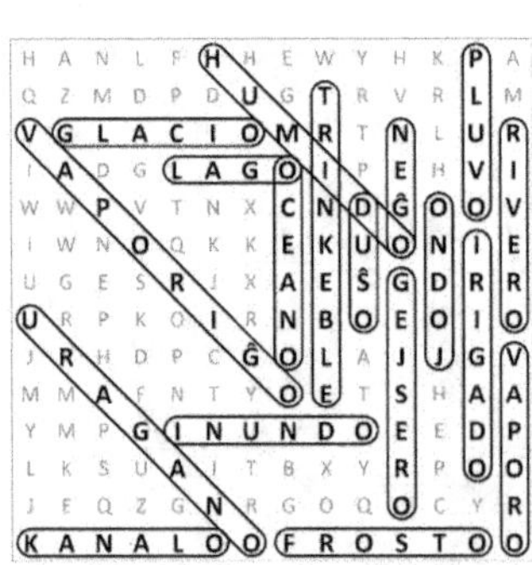

96 - Paysages

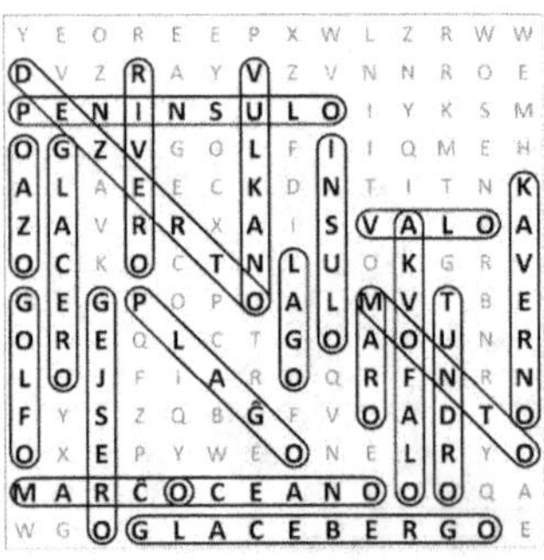

97 - Nombres

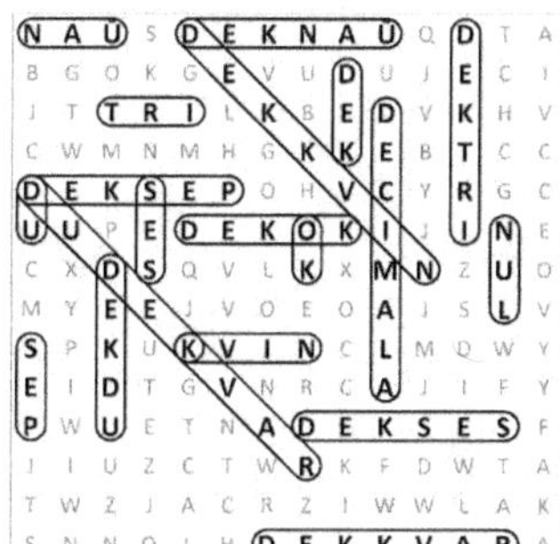

98 - Nature

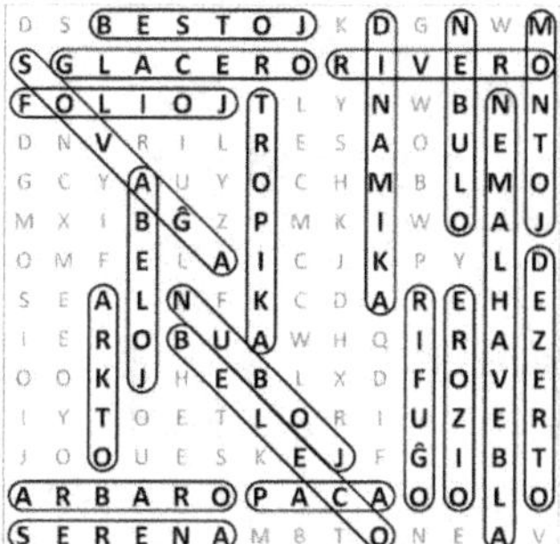

99 - Bateaux

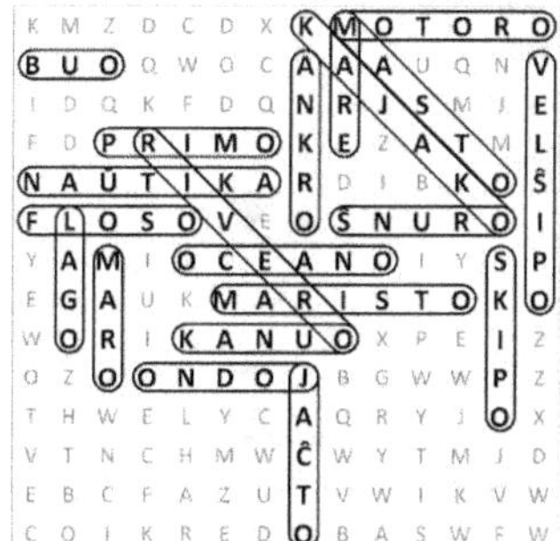

100 - Mesures

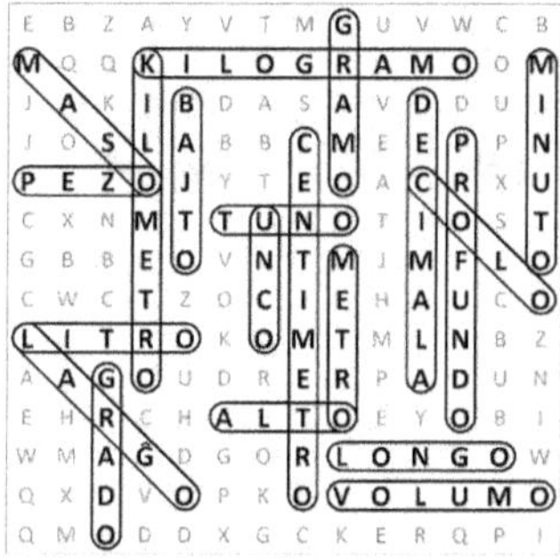

Dictionnaire

Activités
Agadoj

Activité	Aktiveco
Art	Arto
Artisanat	Metioj
Camping	Tendumado
Céramique	Ceramiko
Chasse	Ĉasado
Compétence	Lerto
Couture	Kudri
Intérêts	Interesoj
Jardinage	Ĝardenado
Jeux	Ludoj
Lecture	Legado
Loisir	Libertempo
Magie	Magio
Peinture	Pentro
Pêche	Fiŝkaptado
Photographie	Foto
Plaisir	Plezuro
Randonnée	Altiganta
Relaxation	Malstreĉiĝo

Activités et Loisirs
Agadoj kaj Libertempo

Art	Arto
Base-Ball	Basbalo
Basket-Ball	Basketbalo
Boxe	Boksado
Camping	Tendumado
Football	Futbalo
Golf	Golfo
Jardinage	Ĝardenado
Nager	Naĝado
Peinture	Pentro
Pêche	Fiŝkaptado
Plongée	Plonĝo
Randonnée	Altiganta
Surf	Surfing
Tennis	Teniso
Volley-Ball	Voleibol
Voyage	Vojaĝo

Adjectifs #1
Adjektivoj #1

Absolu	Absoluta
Actif	Aktiva
Ambitieux	Ambicia
Aromatique	Aromaj
Artistique	Arta
Attractif	Alloga
Beau	Bela
Exotique	Ekzota
Énorme	Grandega
Généreux	Malavara
Honnête	Honesto
Identique	Identa
Important	Grava
Innocent	Senkulpa
Jeune	Juna
Lent	Malrapida
Lourd	Peza
Mince	Maldika
Moderne	Moderna
Parfait	Perfekta

Adjectifs #2
Adjektivoj #2

Authentique	Aŭtenta
Célèbre	Fama
Créatif	Krea
Descriptif	Priskriba
Doué	Talenta
Dramatique	Draman
Élégant	Eleganta
Fier	Fiera
Fort	Forta
Intéressant	Interesa
Naturel	Natura
Nouveau	Nova
Productif	Produktiva
Puissant	Potenca
Pur	Pura
Responsable	Responde
Sain	Sana
Salé	Salaj
Sauvage	Sovaĝa
Sec	Seka

Animaux de Compagnie
Dorlotbestoj

Chat	Kato
Chaton	Katido
Chèvre	Kapro
Chien	Hundo
Chiot	Ido
Collier	Kolumo
Eau	Akvo
Hamster	Hamstro
Lapin	Kuniklo
Lézard	Lacerto
Nourriture	Manĝo
Pattes	Piedoj
Perroquet	Papago
Poisson	Fiŝo
Queue	Vosto
Souris	Muso
Tortue	Testudo
Vache	Bovino
Vétérinaire	Veterinaro

Anniversaire
Naskiĝtago

Amis	Amikoj
Amusement	Amuza
Année	Jaro
Bougies	Kandeloj
Cadeau	Donaco
Calendrier	Kalendaro
Cartes	Kartoj
Chanson	Kanto
Fête	Festo
Gâteau	Kuko
Heureux	Feliĉa
Invitations	Invitoj
Jeune	Juna
Jour	Tago
Joyeux	Ĝoja
Né	Naskita
Sagesse	Saĝo
Spécial	Speciala
Super	Grande
Temps	Tempo

Antarctique
Antarkto

Baie	Bajo
Baleines	Balenoj
Chercheur	Esploristo
Conservation	Konservado
Continent	Kontinento
Eau	Akvo
Environnement	Medio
Expédition	Expedicio
Géographie	Geografio
Glace	Glacio
Glaciers	Glaĉeroj
Îles	Insuloj
Migration	Migrado
Minéraux	Mineraloj
Oiseaux	Birdoj
Péninsule	Peninsulo
Rocheux	Rocky
Scientifique	Scienca
Température	Temperaturo
Topographie	Topografio

Art
Arto

Céramique	Ceramiko
Complexe	Komplekso
Composition	Komponado
Dépeindre	Portretu
Expression	Esprimo
Honnête	Honesto
Humeur	Humoro
Inspiré	Inspirita
Original	Originala
Peintures	Pentraĵoj
Personnel	Persona
Poésie	Poezio
Sculpture	Skulptaĵo
Simple	Simpla
Sujet	Subjekto
Surréalisme	Superrealismo
Symbole	Simbolo
Visuel	Vida

Arts Visuels
Vidaj Artoj

Architecture	Arkitekturo
Argile	Argilo
Artiste	Artisto
Céramique	Ceramiko
Charbon	Karbo
Chef-D'Œuvre	Ĉefverko
Chevalet	Establo
Cire	Vakso
Composition	Komponado
Craie	Kreto
Crayon	Krajono
Créativité	Kreavo
Film	Filmo
Peinture	Pentro
Perspective	Perspektivo
Pochoir	Ŝablona
Portrait	Portreto
Sculpture	Skulptaĵo
Stylo	Plumo
Vernis	Glazuro

Astronomie
Astronomio

Astéroïde	Asteroido
Astronaute	Astronaŭto
Astronome	Astronomo
Ciel	Ĉielo
Constellation	Konstelacio
Cosmos	Kosmo
Éclipse	Eklipso
Équinoxe	Ekvinokso
Fusée	Raketo
Galaxie	Galaksio
Lune	Luno
Météore	Meteoro
Nébuleuse	Nebula
Observatoire	Observatorio
Planète	Planedo
Radiation	Radiado
Solaire	Suna
Supernova	Supernovao
Terre	Tero
Univers	Universo

Aventure
Aventuro

Activité	Aktiveco
Amis	Amikoj
Beauté	Beleco
Bravoure	Bravo
Chance	Ŝanco
Dangereux	Danĝera
Destination	Destino
Difficulté	Dificulto
Enthousiasme	Entuziasmo
Excursion	Ekskurso
Inhabituel	Nekutima
Itinéraire	Itinero
Joie	Ĝojo
Nature	Naturo
Navigation	Navigado
Nouveau	Nova
Préparation	Preparo
Sécurité	Sekureco
Voyages	Vojaĝoj

Avions
Aviadiloj

Air	Aero
Altitude	Alteco
Atmosphère	Atmosfero
Atterrissage	Surteriĝo
Aventure	Aventuro
Ballon	Balono
Carburant	Fuelo
Ciel	Ĉielo
Construction	Konstruo
Descente	Deveno
Direction	Direkto
Équipage	Skipo
Gonfler	Ŝveligas
Hauteur	Alto
Histoire	Historio
Hydrogène	Hidrogeno
Moteur	Motoro
Passager	Pasaĝero
Pilote	Piloto
Turbulence	Turbuleco

Ballet
Baleto

Applaudissement	Aplaŭdoj
Artistique	Arta
Chorégraphie	Koregrafio
Compétence	Lerto
Compositeur	Komponisto
Danseurs	Dancistoj
Expressif	Esprima
Geste	Gesto
Gracieux	Gracia
Intensité	Intenseco
Muscles	Muskoloj
Musique	Muziko
Orchestre	Orkestro
Pratique	Praktiko
Public	Spektantaro
Répétition	Provo
Rythme	Ritmo
Style	Stilo
Technique	Tekniko

Barbecues
Rostokradoj

Chaud	Varma
Couteaux	Tranĉiloj
Déjeuner	Tagmanĝo
Dîner	Vespermanĝo
Enfants	Infanoj
Été	Somero
Faim	Malsato
Famille	Familio
Fruit	Frukto
Gril	Grilo
Jeux	Ludoj
Légumes	Legomoj
Musique	Muziko
Oignons	Cepoj
Poivre	Pipro
Poulet	Kokido
Salades	Saladoj
Sauce	Saŭco
Sel	Salo
Tomates	Tomatoj

Bateaux
Boatoj

Ancre	Ankro
Bouée	Buo
Canoë	Kanuo
Corde	Ŝnuro
Équipage	Skipo
Ferry	Primo
Fleuve	Rivero
Kayak	Kajako
Lac	Lago
Marin	Maristo
Maritime	Mare
Mât	Masto
Mer	Maro
Moteur	Motoro
Nautique	Naŭtika
Océan	Oceano
Radeau	Floso
Vagues	Ondoj
Voilier	Velŝipo
Yacht	Jaĉto

Bâtiments
Konstruaĵoj

Ambassade	Ambasado
Appartement	Apartamento
Cabine	Kabano
Château	Kastelo
Cinéma	Kino
École	Lernejo
Garage	Garaĝo
Grange	Grenejo
Hôpital	Hospitalo
Hôtel	Hotelo
Laboratoire	Laboratorio
Musée	Muzeo
Observatoire	Observatorio
Stade	Stadio
Supermarché	Superbazaro
Tente	Tendo
Théâtre	Teatro
Tour	Turo
Université	Universitato
Usine	Uzino

Camping
Tendumado

Animaux	Bestoj
Aventure	Aventuro
Boussole	Kompaso
Cabine	Kabano
Canoë	Kanuo
Carte	Mapo
Chapeau	Ĉapelo
Chasse	Ĉasado
Corde	Ŝnuro
Équipement	Ekipaĵo
Feu	Fajro
Forêt	Arbaro
Hamac	Hamako
Insecte	Insekto
Lac	Lago
Lanterne	Lanterno
Lune	Luno
Montagne	Monto
Nature	Naturo
Tente	Tendo

Championnat
Ĉampioneco

Champion	Ĉampiono
Championnat	Ĉampionado
Entraîneur	Trejnisto
Équipe	Teamo
Finaliste	Finalisto
Jeux	Ludoj
Juge	Juĝisto
Ligue	Ligo
Médaille	Medalo
Motivation	Instigo
Performance	Agado
Sports	Sportoj
Stratégie	Strategio
Tournoi	Turno
Transpiration	Spirado
Victoire	Venko

Chats
Katoj

Chasseur	Ĉasisto
Curieux	Kurioza
Dormir	Dormi
Drôle	Amuza
Espiègle	Ludema
Fil	Teksaĵo
Fou	Freneza
Fourrure	Felto
Griffe	Ungego
Indépendant	Sendependa
Patte	Paw
Personnalité	Personeco
Peu	Eta
Queue	Vosto
Rapide	Rapide
Sauvage	Sovaĝa
Souris	Muso
Timide	Timita

Châteaux
Kasteloj

Armure	Kiraso
Bouclier	Ŝildo
Catapulte	Katapulto
Cheval	Ĉevalo
Chevalier	Kavaliro
Couronne	Krono
Dragon	Drako
Dynastie	Dinastio
Empire	Imperio
Épée	Glavo
Féodal	Feŭda
Forteresse	Forteco
Fossé	Ĉirkaŭfosaĵo
Mur	Muro
Noble	Nobla
Palais	Palaco
Prince	Princo
Princesse	Princino
Royaume	Regno
Tour	Turo

Chocolat
Ĉokolado

Amer	Amara
Antioxydant	Antioxidanto
Arôme	Aromo
Cacahuètes	Arakidoj
Cacao	Kakao
Calories	Kalorioj
Caramel	Karamelo
Délicieux	Bonaj
Doux	Dolĉa
Exotique	Ekzota
Favori	Ŝatata
Goût	Gusto
Ingrédient	Ingredienco
Noix de Coco	Kokoso
Poudre	Pulvoro
Qualité	Kvalito
Recette	Recepto
Sucre	Sukero

Cirque
Cirko

Acrobate	Akrobato
Animaux	Bestoj
Astuce	Ruzo
Ballons	Balonoj
Billet	Bileto
Clown	Pajaco
Costume	Kostumo
Divertir	Amuzi
Éléphant	Elefanto
Jongleur	Jognisto
Lion	Leono
Magicien	Mago
Magie	Magio
Montrer	Montro
Musique	Muziko
Parade	Parado
Singe	Simio
Spectateur	Spektanto
Tente	Tendo
Tigre	Tigro

Conduite
Veturado

Accident	Akcidento
Camion	Kamiono
Carburant	Fuelo
Carte	Mapo
Danger	Danĝero
Freins	Bremsoj
Garage	Garaĝo
Gaz	Gazo
Licence	Permesilo
Moteur	Motoro
Moto	Motorciklo
Piéton	Piediranto
Police	Polico
Route	Vojo
Sécurité	Sekureco
Trafic	Trafiko
Transport	Transportado
Tunnel	Tunelo
Vitesse	Rapido
Voiture	Aŭto

Conservation
Konservado

Bénévole	Volontulo
Climat	Klimato
Cycle	Ciklo
Durable	Daŭrigebla
Eau	Akvo
Environnemental	Media
Écosystème	Ekosistema
Éducation	Eduko
Habitat	Habitato
Naturel	Natura
Organique	Organika
Pesticide	Pesticido
Pollution	Poluo
Réduire	Redukti
Santé	Sano
Vert	Verda

Corps Humain
Homa Korpo

Bouche	Buŝo
Cerveau	Cerbo
Cheville	Maleolo
Cou	Kolo
Coude	Kubuto
Cœur	Koro
Doigt	Fingro
Estomac	Stomako
Épaule	Ŝultro
Genou	Genuo
Lèvres	Lipoj
Main	Mano
Mâchoire	Makzelo
Menton	Mentono
Nez	Nazo
Oreille	Orelo
Peau	# ha? To
Sang	Sango
Tête	Kapo
Visage	Vizaĝo

Couleurs
Koloroj

Azur	Lazuro
Beige	Flavgriza
Blanc	Blanka
Bleu	Blua
Cyan	Cejana
Fuchsia	Fuchsio
Gris	Griza
Jaune	Flava
Marron	Bruna
Noir	Nigra
Orange	Oranĝo
Rose	Rozo
Rouge	Ruĝa
Sépia	Sepio
Vert	Verda
Violet	Purpura

Cuisine
Kuirejo

Baguettes	Chopsticks
Bol	Bovlo
Bouilloire	Kaldrono
Congélateur	Frostujo
Couteaux	Trançiloj
Cruche	Kruĉo
Cuillères	Kuleroj
Épices	Specoj
Éponge	Spongo
Four	Forno
Fourchettes	Forkoj
Gril	Grilo
Louche	Ĉerpilo
Nourriture	Manĝo
Pot	Vazo
Recette	Recepto
Réfrigérateur	Fridujo
Serviette	Buŝtuko
Tablier	Antaŭtuko
Tasses	Tasoj

Danse
Danco

Académie	Akademio
Art	Arto
Chorégraphie	Koregrafio
Classique	Klasika
Corps	Korpo
Culture	Kulturo
Culturel	Kultura
Expressif	Esprima
Émotion	Emocio
Grâce	Grace
Joyeux	Ĝoja
Mouvement	Movado
Musique	Muziko
Partenaire	Partnero
Posture	Sinteno
Répétition	Provo
Rythme	Ritmo
Traditionnel	Tradicia
Visuel	Vida

Dinosaures
Dinosaŭroj

Ailes	Flugiloj
Disparition	Malapero
Espèce	Specio
Énorme	Enorma
Évolution	Evoluo
Fossiles	Fosiloj
Grand	Granda
Herbivore	Herbivoro
Mammouth	Mamuto
Omnivore	Omnivoro
Préhistorique	Prahistoria
Proie	Predo
Puissant	Potenca
Queue	Vosto
Rapace	Raptor
Reptile	Reptilio
Taille	Grandeco
Terre	Tero
Vicieux	Viciosa

Disciplines Scientifiques
Sciencaj Disciplinoj

Anatomie	Anatomio
Archéologie	Arkeologio
Astronomie	Astronomio
Biochimie	Biokemio
Biologie	Biologio
Botanique	Botaniko
Chimie	Kemio
Écologie	Ekologio
Géologie	Geologio
Immunologie	Imunologio
Linguistique	Lingvistiko
Mécanique	Mekaniko
Météorologie	Meteologio
Minéralogie	Mineralogio
Neurologie	Neurologio
Physiologie	Fiziologio
Psychologie	Psikologio
Sociologie	Sociologio
Thermodynamique	Termodinamiko
Zoologie	Zoologio

Eau
Akvo

Canal	Kanalo
Douche	Duŝo
Évaporation	Vaporiĝo
Fleuve	Rivero
Gel	Frosto
Geyser	Gejsero
Glace	Glacio
Humidité	Humido
Inondation	Inundo
Irrigation	Irigado
Lac	Lago
Neige	Neĝo
Océan	Oceano
Ouragan	Uragano
Pluie	Pluvo
Potable	Trinkeble
Vagues	Ondoj
Vapeur	Vaporo

Escalade
Grimpado

Altitude	Alteco
Atmosphère	Atmosfero
Blessure	Vundo
Bottes	Botoj
Carte	Mapo
Casque	Kasko
Curiosité	Scivolemo
Expert	Sperta
Étroit	Mallarĝa
Force	Forto
Formation	Trejnado
Gants	Gantoj
Grotte	Kaverno
Guides	Gvidiloj
Physique	Fizika
Randonnée	Altiganta
Stabilité	Stabileco
Terrain	Tereno

Exploration
Esplorado

Activité	Aktiveco
Animaux	Bestoj
Courage	Kuraĝo
Cultures	Kulturoj
Découverte	Elkovo
Détermination	Determino
Espace	Spaco
Excitation	Ekscito
Épuisement	Elĉerpiĝo
Inconnu	Nekonata
Langue	Lingvo
Nouveau	Nova
Périlleux	Danĝera
Sauvage	Sovaĝa
Terrain	Tereno
Voyage	Vojaĝo

Échecs
Ŝako

Adversaire	Kontraŭulo
Blanc	Blanka
Champion	Ĉampiono
Concours	Konkurso
Diagonal	Diagonala
Jeu	Ludo
Joueur	Ludanto
Noir	Nigra
Passif	Pasiva
Points	Punktoj
Reine	Reĝino
Règles	Reguloj
Roi	Reĝo
Sacrifice	Ofero
Stratégie	Strategio
Temps	Tempo
Tournoi	Turno

École #1
Lernejo Numero 1

Alphabet	Alfabeto
Amis	Amikoj
Amusement	Amuza
Bibliothèque	Biblioteko
Bureau	Skribotablo
Chaise	Seĝo
Crayon	Krajono
Des Stylos	Plumoj
Déjeuner	Tagmanĝo
Dossiers	Dosierujoj
Enseignant	Instruisto
Examens	Ekzamenoj
Livres	Libroj
Math	Matematiko
Papier	Papero
Réponses	Respondoj
Salle de Classe	Klasĉambro

École #2
Lernejo #2

Activités	Agadoj
Apprentissage	Lerni
Bibliothèque	Biblioteko
Bus	Buso
Calendrier	Kalendaro
Ciseaux	Tondilo
Crayon	Krajono
Devoirs	Hejmtasko
Dictionnaire	Vortaro
Enseignant	Instruisto
Écriture	Skribo
Éducation	Eduko
Grammaire	Gramatiko
Jeux	Ludoj
Lecture	Legado
Littérature	Literaturo
Livres	Libroj
Ordinateur	Komputilo
Papier	Papero
Science	Scienco

Écologie
Ekologio

Bénévoles	Volontuloj
Climat	Klimato
Communautés	Komunumoj
Diversité	Diverseco
Durable	Daŭrigebla
Espèce	Specio
Faune	Faŭno
Flore	Flora
Habitat	Habitato
Marais	Marĉo
Marin	Mara
Montagnes	Montoj
Nature	Naturo
Naturel	Natura
Plantes	Plantoj
Ressources	Rimedoj
Sécheresse	Sekeco
Survie	Supervivo
Variété	Vario
Végétation	Vegetaĵaro

Épices
Spicoj

Aigre	Acida
Ail	Ajlo
Amer	Amara
Anis	Anizo
Cannelle	Cinamo
Cardamome	Cardamom
Coriandre	Koriandro
Cumin	Kumino
Curry	Curry
Fenouil	Fenkolo
Fenugrec	Fenugroko
Gingembre	Zingibro
Muscade	Nutmeg
Oignon	Cepo
Poivre	Pipro
Réglisse	Glikorico
Safran	Safrano
Saveur	Gusto
Sel	Salo
Vanille	Vanilo

Été
Somero

Amis	Amikoj
Camping	Tendumado
Étoiles	Steloj
Famille	Familio
Jardin	Ĝardeno
Jeux	Ludoj
Joie	Ĝojo
Livres	Libroj
Loisir	Libertempo
Mer	Maro
Musique	Muziko
Nourriture	Manĝo
Plage	Plaĝo
Plongée	Plonĝo
Relaxation	Malstreĉiĝo
Sandales	Sandaloj
Vacances	Ferio
Voyage	Vojaĝo

Famille
Familio

Ancêtre	Prapatro
Cousin	Kuzo
Enfance	Infanaĝo
Enfant	Infano
Enfants	Infanoj
Femme	Edzino
Fille	Filino
Frère	Frato
Grand-Mère	Avino
Grand-Père	Avo
Mari	Edzo
Maternel	Patrina
Mère	Patrino
Neveu	Nevo
Nièce	Nevino
Oncle	Onklo
Paternel	Patra
Père	Patro
Soeur	Fratino
Tante	Onklino

Ferme #1
Bieno #1

Abeille	Abelo
Agriculture	Agrikulturo
Âne	Azeno
Champ	Kampo
Chat	Kato
Cheval	Ĉevalo
Chèvre	Kapro
Chien	Hundo
Clôture	Barilo
Cochon	Porko
Corbeau	Korvo
Eau	Akvo
Engrais	Sterko
Foin	Fojno
Miel	Mielo
Poulet	Kokido
Riz	Rizo
Troupeau	Grego
Vache	Bovino
Veau	Bovido

Ferme #2
Bieno #2

Agneau	Ŝafido
Agriculteur	Kulturo
Animaux	Bestoj
Blé	Tritiko
Canard	Anaso
Fruit	Frukto
Grange	Grenejo
Irrigation	Irigado
Lait	Lakto
Lama	Lamo
Légume	Legomo
Maïs	Maizo
Mouton	Ŝafo
Mûr	Matura
Nourriture	Manĝo
Oies	Anseroj
Orge	Hordeo
Pré	Herbejo
Tracteur	Tractor

Fleurs
Floroj

Bouquet	Bukedo
Gardénia	Gardenia
Hibiscus	Hibisko
Jasmin	Jasmeno
Lavande	Lavendo
Lilas	Siringo
Lys	Lilio
Magnolia	Magnolia
Marguerite	Lekanto
Orchidée	Orkideo
Pavot	Papavo
Pétale	Petalo
Pivoine	Peonio
Rose	Rozo
Tournesol	Sunfloro
Trèfle	Trifolio
Tulipe	Tulipo

Forêt Tropicale
Pluvarbaro

Amphibiens	Amfibioj
Botanique	Botaniko
Climat	Klimato
Communauté	Komunumo
Diversité	Diverseco
Espèce	Specio
Indigène	Indiĝena
Insectes	Insektoj
Jungle	Ĝangalo
Mammifères	Mamuloj
Mousse	Musko
Nature	Naturo
Nuage	Nuboj
Oiseaux	Birdoj
Précieux	Valora
Préservation	Konservado
Refuge	Rifuĝo
Respect	Respekto
Restauration	Restaro
Survie	Supervivo

Formes
Formoj

Arc	Arko
Bords	Randoj
Carré	Kvadrato
Cercle	Cirklo
Coin	Angulo
Courbe	Kurbo
Cône	Konuso
Côté	Flanko
Cube	Kubo
Cylindre	Cilindro
Ellipse	Elipso
Hyperbole	Hiperbolo
Ligne	Linio
Ovale	Ovala
Polygone	Poligono
Prisme	Prismo
Pyramide	Piramido
Rectangle	Rectangulo
Sphère	Sfero
Triangle	Triangulo

Fournitures d'Art
Arto Provizoj

Acrylique	Akriliko
Aquarelles	Akvareloj
Argile	Argilo
Brosses	Brosoj
Caméra	Fotilo
Chaise	Seĝo
Charbon	Karbo
Chevalet	Establo
Colle	Gluo
Couleurs	Koloroj
Crayons	Krajonoj
Créativité	Kreavo
Eau	Akvo
Encre	Inko
Gomme	Eraser
Huile	Oleo
Idées	Ideoj
Papier	Papero
Pastels	Pasteloj
Table	Tablo

Fruit
Frukto

Abricot	Abrikoto
Ananas	Ananaso
Avocat	Avokado
Baie	Bero
Banane	Banano
Cerise	Ĉerizo
Citron	Citrono
Figue	Figo
Framboise	Frambo
Goyave	Guvavo
Kiwi	Kivo
Mangue	Mango
Melon	Melono
Nectarine	Nektarino
Orange	Oranĝo
Papaye	Papajo
Pêche	Persiko
Poire	Piro
Pomme	Pomo
Raisin	Vinbero

Géographie
Geografio

Altitude	Alteco
Atlas	Atlaso
Carte	Mapo
Continent	Kontinento
Fleuve	Rivero
Hémisphère	Hemisfero
Île	Insulo
Latitude	Latitudo
Mer	Maro
Méridien	Meridiano
Monde	Mondo
Montagne	Monto
Nord	Nordo
Océan	Oceano
Ouest	Okcidento
Pays	Lando
Région	Regiono
Sud	Sudo
Territoire	Teritorio
Ville	Urbo

Géologie
Geologio

Acide	Acido
Calcium	Kalcio
Caverne	Kaverno
Continent	Kontinento
Corail	Koralo
Couche	Tavolo
Cristaux	Kristaloj
Érosion	Erozio
Fossile	Fosilo
Geyser	Gejsero
Lave	Lavo
Minéraux	Mineraloj
Pierre	Ŝtono
Plateau	Altebenaĵo
Quartz	Kvarco
Sel	Salo
Stalactite	Stalaktito
Stalagmites	Stalagmitoj
Volcan	Vulkano
Zone	Zono

Herboristerie
Herbalism

Ail	Ajlo
Aromatique	Aromaj
Basilic	Bazilo
Bénéfique	Utila
Culinaire	Kulinara
Estragon	Tarragon
Fenouil	Fenkolo
Fleur	Floro
Ingrédient	Ingredienco
Jardin	Ĝardeno
Lavande	Lavendo
Marjolaine	Marĝoromo
Menthe	Mento
Persil	Petroselo
Qualité	Kvalito
Romarin	Romero
Safran	Safrano
Saveur	Gusto
Thym	Timiano
Vert	Verda

Insectes
Insektoj

Abeille	Abelo
Cafard	Blato
Cigale	Cikado
Coccinelle	Ladybug
Fourmi	Formiko
Guêpe	Vespo
Larve	Larvo
Libellule	Libelo
Mante	Mantiso
Moustique	Moskito
Papillon	Papilio
Puce	Pulo
Puceron	Afido
Sauterelle	Akrido
Scarabée	Skarabo
Termite	Termito
Ver	Vermo

Instruments de Musique
Muzikaj Instrumentoj

Banjo	Banjo
Basson	Fagoto
Clarinette	Klarneto
Flûte	Fluto
Gong	Gong
Guitare	Gitaro
Harmonica	Harmoniko
Harpe	Harpo
Hautbois	Hobojo
Mandoline	Mandolino
Piano	Piano
Saxophone	Saksofono
Tambour	Tamburo
Tambourin	Tamburino
Trombone	Trombono
Trompette	Trumpeto
Violon	Violono
Violoncelle	Violonĉelo

Jardin
Ĝardeno

Arbre	Arbo
Banc	Benko
Buisson	Arbusto
Clôture	Barilo
Étang	Lageto
Fleur	Floro
Garage	Garaĝo
Hamac	Hamako
Herbe	Herbo
Jardin	Ĝardeno
Mauvaises Herbes	Herboj
Pelle	Ŝovelilo
Pelouse	Gazono
Porche	Verando
Râteau	Rasti
Sol	Trulo
Terrasse	Teraso
Trampoline	Trampolino
Tuyau	Hoso

Jouets
Ludiloj

Argile	Argilo
Artisanat	Metioj
Avion	Aviadilo
Balle	Pilko
Bateau	Boato
Camion	Kamiono
Cerf-Volant	Kajto
Échecs	Ŝako
Favori	Ŝatata
Imagination	Imagpovo
Jeux	Ludoj
Livres	Libroj
Poupée	Pupo
Puzzle	Enigmo
Robot	Roboto
Tambours	Tamburoj
Train	Trajno
Vélo	Biciklo
Voiture	Aŭto

Jours et Mois
Tagoj kaj Monatoj

Août	Aŭgusto
Avril	Aprilo
Calendrier	Kalendaro
Dimanche	Dimanĉo
Février	Februaro
Janvier	Januaro
Jeudi	Ĵaŭdo
Juillet	Julio
Juin	Junio
Lundi	Lundo
Mardi	Mardo
Mars	Marto
Mercredi	Merkredo
Mois	Monato
Novembre	Novembro
Octobre	Oktobro
Samedi	Sabato
Semaine	Semajno
Septembre	Septembro
Vendredi	Vendredo

Les Abeilles
Abeloj

Ailes	Flugiloj
Bénéfique	Utila
Cire	Vakso
Diversité	Diverseco
Essaim	Svarmo
Écosystème	Ekosistema
Fleur	Floro
Fleurs	Floroj
Fruit	Frukto
Fumée	Fumo
Habitat	Habitato
Insecte	Insekto
Jardin	Ĝardeno
Miel	Mielo
Nourriture	Manĝo
Plantes	Plantoj
Pollen	Poleno
Reine	Reĝino
Ruche	Abelujo
Soleil	Suno

Légumes
Legomoj

Ail	Ajlo
Artichaut	Artiŝoko
Aubergine	Melanzo
Brocoli	Brokolo
Carotte	Karoto
Céleri	Celerio
Champignon	Fungo
Citrouille	Kukurbo
Concombre	Kukumo
Échalote	Shallot
Épinard	Spinaco
Gingembre	Zingibro
Navet	Rapo
Oignon	Cepo
Olive	Olivo
Persil	Petroselo
Pois	Pizo
Radis	Rafano
Salade	Salato
Tomate	Tomato

Littérature
Literaturo

Analogie	Analogio
Analyse	Analizo
Anecdote	Anekdoto
Auteur	Aŭtoro
Biographie	Biografio
Comparaison	Komparo
Conclusion	Konkludo
Description	Priskribo
Dialogue	Dialogo
Fiction	Fikcio
Métaphore	Metaforo
Narrateur	Rakontanto
Poème	Poemo
Poétique	Poezia
Rime	Rimo
Roman	Romano
Rythme	Ritmo
Style	Stilo
Thème	Temo
Tragédie	Tragedio

Livres
Libroj

Auteur	Aŭtoro
Aventure	Aventuro
Collection	Kolekto
Contexte	Kunteksto
Dualité	Dueco
Épique	Epopea
Histoire	Rakonto
Historique	Historia
Humoristique	Humura
Inventif	Inventa
Lecteur	Leganto
Littéraire	Literatura
Narrateur	Rakontanto
Page	Paĝo
Pertinent	Relevo
Poème	Poemo
Poésie	Poezio
Roman	Romano
Série	Serio
Tragique	Tragika

Maison
Domo

Balai	Balao
Bibliothèque	Biblioteko
Chambre	Ĉambro
Cheminée	Fajro
Clés	Ŝlosiloj
Clôture	Barilo
Cuisine	Kuirejo
Douche	Duŝo
Fenêtre	Fenestro
Garage	Garaĝo
Grenier	Subtegmento
Jardin	Ĝardeno
Lampe	Lampo
Miroir	Spegulo
Mur	Muro
Plafond	Plafono
Porte	Pordo
Rideaux	Kurtenoj
Tapis	Tapiŝo
Toit	Tegmento

Mammifères
Mamuloj

Baleine	Baleno
Chat	Kato
Cheval	Ĉevalo
Chien	Hundo
Coyote	Kojoto
Dauphin	Delfeno
Éléphant	Elefanto
Girafe	Ĝirafo
Gorille	Gorilo
Kangourou	Kanguruo
Lapin	Kuniklo
Lion	Leono
Loup	Lupo
Mouton	Ŝafo
Ours	Urso
Renard	Vulpo
Singe	Simio
Taureau	Virbovo
Tigre	Tigro
Zèbre	Zebro

Mathématiques
Matematiko

Angles	Anguloj
Arithmétique	Aritmetiko
Carré	Kvadrato
Circonférence	Cirkonferenco
Décimal	Decimala
Diamètre	Diametro
Exposant	Eksponento
Équation	Ekvacio
Fraction	Frakcio
Géométrie	Geometrio
Parallèle	Paralelo
Parallélogramme	Paralelogramo
Perpendiculaire	Perpendikula
Périmètre	Perimetro
Polygone	Poligono
Rectangle	Rectangulo
Somme	Sumo
Symétrie	Simetrio
Triangle	Triangulo
Volume	Volumo

Mesures
Mezuradoj

Centimètre	Centimetro
Degré	Grado
Décimal	Decimala
Gramme	Gramo
Hauteur	Alto
Kilogramme	Kilogramo
Kilomètre	Kilometro
Largeur	Larĝo
Litre	Litro
Longueur	Longo
Masse	Maso
Mètre	Metro
Minute	Minuto
Octet	Bajto
Once	Unco
Poids	Pezo
Pouce	Colo
Profondeur	Profundo
Tonne	Tuno
Volume	Volumo

Meubles
Mebloj

Banc	Benko
Bureau	Skribotablo
Canapé	Sofo
Chaise	Seĝo
Commode	Telerbretaro
Coussins	Kusenoj
Étagères	Bretoj
Fauteuil	Brakseĝo
Futon	Tremarktoroj
Hamac	Hamako
Lampe	Lampo
Lit	Lito
Matelas	Matraco
Miroir	Spegulo
Oreiller	Kuseno
Rideaux	Kurtenoj
Tapis	Tapiŝo

Méditation
Meditado

Acceptation	Akcepto
Attention	Atentu
Calme	Trankvile
Clarté	Klareco
Compassion	Kompato
Esprit	Menso
Émotions	Emocioj
Éveillé	Maldorma
Gratitude	Dankon
Habitudes	Kutimoj
Mental	Menta
Mouvement	Movado
Musique	Muziko
Nature	Naturo
Observation	Observo
Paix	Paco
Perspective	Perspektivo
Posture	Sinteno
Respiration	Spirado
Silence	Silento

Météo
Vetero

Arc-En-Ciel	Ĉielarko
Atmosphère	Atmosfero
Brouillard	Nebulo
Calme	Trankvile
Ciel	Ĉielo
Climat	Klimato
Glace	Glacio
Humide	Humida
Inondation	Inundo
Nuage	Nubo
Ouragan	Uragano
Polaire	Polusa
Sec	Seka
Sécheresse	Sekeco
Température	Temperaturo
Tempête	Ŝtormo
Tonnerre	Tondro
Tornade	Tornado
Tropical	Tropika
Vent	Vento

Mythologie
Mitologio

Archétype	Arketipo
Catastrophe	Katastrofo
Comportement	Konduto
Création	Kreo
Créature	Besto
Croyances	Kredoj
Culture	Kulturo
Éclair	Fulmo
Force	Forto
Guerrier	Milito
Héros	Heroo
Immortalité	Senmorteco
Jalousie	Ĵaluzo
Labyrinthe	Labirinto
Légende	Legendo
Magique	Magia
Monstre	Monstro
Mortel	Morta
Tonnerre	Tondro
Vengeance	Venĝo

Nature
Naturo

Abeilles	Abeloj
Animaux	Bestoj
Arctique	Arkto
Beauté	Beleco
Brouillard	Nebulo
Désert	Dezerto
Dynamique	Dinamika
Érosion	Erozio
Feuillage	Folioj
Fleuve	Rivero
Forêt	Arbaro
Glacier	Glacero
Montagnes	Montoj
Nuage	Nuboj
Paisible	Paca
Sanctuaire	Rifuĝo
Sauvage	Sovaĝa
Serein	Serena
Tropical	Tropika
Vital	Nemalhavebla

Nombres
Nombroj

Cinq	Kvin
Deux	Du
Décimal	Decimala
Dix	Dek
Dix-Huit	Dek Ok
Dix-Neuf	Dek Naŭ
Dix-Sept	Dek Sep
Douze	Dek Du
Huit	Ok
Neuf	Naŭ
Quatorze	Dek Kvar
Quatre	Kvar
Quinze	Dek Kvin
Seize	Dek Ses
Sept	Sep
Six	Ses
Treize	Dek Tri
Trois	Tri
Vingt	Dudek
Zéro	Nul

Nourriture #1
Manĝaĵo Numero 1

Ail	Ajlo
Basilic	Bazilo
Café	Kafo
Cannelle	Cinamo
Carotte	Karoto
Citron	Citrono
Épinard	Spinaco
Fraise	Frago
Jus	Suko
Lait	Lakto
Navet	Rapo
Oignon	Cepo
Orge	Hordeo
Poire	Piro
Salade	Salato
Sel	Salo
Soupe	Supo
Sucre	Sukero
Thon	Tinuso
Viande	Viando

Nourriture #2
Manĝaĵo #2

Amande	Migdalo
Aubergine	Melanzo
Banane	Banano
Blé	Tritiko
Brocoli	Brokolo
Cerise	Ĉerizo
Céleri	Celerio
Champignon	Fungo
Chocolat	Ĉokolado
Jambon	Ŝinko
Kiwi	Kivo
Mangue	Mango
Oeuf	Ovo
Pain	Pano
Poisson	Fiŝo
Pomme	Pomo
Poulet	Kokido
Raisin	Vinbero
Riz	Rizo
Tomate	Tomato

Nutrition
Nutrado

Amer	Amara
Appétit	Apetito
Calories	Kalorioj
Comestible	Manĝebla
Diète	Dieto
Digestion	Digesto
Épices	Specoj
Équilibré	Ekvilibra
Fermentation	Fermentado
Ingrédients	Ingredientej
Liquides	Likvaĵoj
Poids	Pezo
Protéines	Proteinoj
Qualité	Kvalito
Sain	Sana
Santé	Sano
Sauce	Saŭco
Saveur	Gusto
Toxine	Toksino
Vitamine	Vitamino

Océan
Oceano

Algue	Algo
Anguille	Angilo
Baleine	Baleno
Bateau	Boato
Corail	Koralo
Crabe	Krabo
Crevette	Salikoko
Dauphin	Delfeno
Éponge	Spongo
Huître	Ostro
Méduse	Meduzoj
Poisson	Fiŝo
Poulpe	Polpo
Requin	Ŝarko
Récif	Rifo
Sel	Salo
Tempête	Ŝtormo
Thon	Tinuso
Tortue	Testudo
Vagues	Ondoj

Oiseaux
Birdoj

Aigle	Aglo
Autruche	Struto
Canard	Anaso
Cigogne	Cikonio
Colombe	Kolombo
Corbeau	Korvo
Coucou	Kukolo
Cygne	Cigno
Flamant	Flamingo
Héron	Ardeo
Manchot	Pingveno
Moineau	Pasero
Mouette	Mevo
Oeuf	Ovo
Oie	Ansero
Paon	Pavo
Perroquet	Papago
Pélican	Pelikano
Poulet	Kokido
Toucan	Toucan

Outils
Iloj

Agrafeuse	Agrafilo
Câble	Kablo
Ciseaux	Tondilo
Colle	Gluo
Corde	Ŝnuro
Couteau	Tranĉilo
Échelle	Ŝtupetaro
Hache	Hakilo
Maillet	Maleo
Marteau	Martelo
Pelle	Ŝovelilo
Pinces	Tenajlojn
Rasoir	Razilo
Roue	Rado
Torche	Torĉo
Vis	Ŝraŭbo

Pays #2
Landoj #2

Albanie	Albanio
Chine	Ĉinio
Danemark	Danio
France	Francio
Haïti	Haitio
Indonésie	Indonezio
Irlande	Irlando
Jamaïque	Jamajko
Japon	Japanio
Kenya	Kenjo
Laos	Laoso
Liban	Libano
Mexique	Meksiko
Ouganda	Ugando
Pakistan	Pakistano
Russie	Rusio
Somalie	Somalio
Soudan	Sudano
Syrie	Sirio
Ukraine	Ukrainio

Paysages
Pejzaĝoj

Cascade	Akvofalo
Désert	Dezerto
Fleuve	Rivero
Geyser	Gejsero
Glacier	Glacero
Golfe	Golfo
Grotte	Kaverno
Iceberg	Glacebergo
Île	Insulo
Lac	Lago
Marais	Marĉo
Mer	Maro
Montagne	Monto
Oasis	Oazo
Océan	Oceano
Péninsule	Peninsulo
Plage	Plaĝo
Toundra	Tundro
Vallée	Valo
Volcan	Vulkano

Pêche
Fiŝkaptado

Appât	Logaĵo
Bateau	Boato
Branchies	Brikoj
Crochet	Hoko
Cuire	Kuiristo
Eau	Akvo
Exagération	Troigo
Équipement	Ekipaĵo
Fil	Drato
Fleuve	Rivero
Lac	Lago
Mâchoire	Makzelo
Océan	Oceano
Panier	Korbo
Patience	Pacienco
Plage	Plaĝo
Poids	Pezo
Saison	Sezono

Pirates
Piratoj

Ancre	Ankro
Aventure	Aventuro
Capitaine	Kapitano
Carte	Mapo
Cicatrice	Cikatro
Danger	Danĝero
Drapeau	Flago
Épée	Glavo
Équipage	Skipo
Grotte	Kaverno
Île	Insulo
Légende	Legendo
Mauvais	Malbona
Océan	Oceano
Or	Oro
Perroquet	Papago
Pièces	Moneroj
Plage	Plaĝo
Rhum	Rumo
Trésor	Trezoro

Plage
Strando

Bateau	Boato
Bleu	Blua
Côte	Marbordo
Crabe	Krabo
Dock	Doko
Île	Insulo
Lagune	Laguno
Mer	Maro
Océan	Oceano
Parapluie	Ombrelo
Récif	Rifo
Sable	Sablo
Sandales	Sandaloj
Serviette	Tuko
Soleil	Suno
Vacances	Ferio
Voilier	Velŝipo

Plantes
Plantoj

Arbre	Arbo
Baie	Bero
Bambou	Bambuo
Botanique	Botaniko
Buisson	Arbusto
Cactus	Kakto
Engrais	Sterko
Feuillage	Folioj
Fleur	Floro
Flore	Flora
Forêt	Arbaro
Grandir	Kresku
Haricot	Fabo
Herbe	Herbo
Jardin	Ĝardeno
Lierre	Hedero
Mousse	Musko
Pétale	Petalo
Racine	Radiko
Végétation	Vegetaĵaro

Professions #1
Profesioj #1

Ambassadeur	Ambasadoro
Astronome	Astronomo
Avocat	Advokato
Banquier	Bankisto
Bijoutier	Juvelisto
Cartographe	Kartografo
Chasseur	Ĉasisto
Danseur	Dancisto
Entraîneur	Trejnisto
Éditeur	Redaktoro
Géologue	Geologo
Infirmière	Vartistino
Médecin	Doktoro
Musicien	Muzikisto
Pianiste	Pianisto
Plombier	Plumbisto
Pompier	Fajrofomista
Psychologue	Psikologo
Scientifique	Sciencisto
Vétérinaire	Veterinaro

Professions #2
Profesioj #2

Astronaute	Astronaŭto
Bibliothécaire	Bibliotecario
Biologiste	Biologo
Chercheur	Esploristo
Chirurgien	Kirurgo
Dentiste	Dentisto
Détective	Detektivo
Enseignant	Instruisto
Illustrateur	Ilustristo
Ingénieur	Inĝeniero
Inventeur	Inventinto
Jardinier	Ĝardenisto
Journaliste	Ĵurnalisto
Linguiste	Lingvisto
Médecin	Kuracisto
Peintre	Pentristo
Philosophe	Filozofo
Photographe	Fotisto
Pilote	Piloto
Zoologiste	Zoologo

Randonnée
Altiganta

Animaux	Bestoj
Bottes	Botoj
Camping	Tendumado
Carte	Mapo
Climat	Klimato
Eau	Akvo
Falaise	Klifo
Fatigué	Laca
Guides	Gvidiloj
Lourd	Peza
Météo	Vetero
Montagne	Monto
Nature	Naturo
Orientation	Orientiĝo
Parcs	Parkoj
Pierres	Ŝtonoj
Préparation	Preparo
Sauvage	Sovaĝa
Soleil	Suno
Sommet	Punto

Remplir
Por Plenigi

Baril	Barelo
Bassin	Baseno
Bouteille	Botelo
Carton	Kartono
Dossier	Dosierujo
Enveloppe	Koverto
Panier	Korbo
Paquet	Paketo
Plateau	Plato
Poche	Poŝo
Sac	Sako
Seau	Sitelo
Tiroir	Kesto
Tube	Tubo
Valise	Valizo
Vase	Vazo

Restaurant #1
Restoracio Numero 1

Allergie	Alergio
Bol	Bovlo
Café	Kafo
Caissier	Kasisto
Couteau	Tranĉilo
Cuisine	Kuirejo
Dessert	Deserto
Épicé	Spica
Ingrédients	Ingredientej
Menu	Menuo
Nourriture	Manĝo
Pain	Pano
Poulet	Kokido
Réservation	Rezervado
Sauce	Saŭco
Serveuse	Kelnerino
Serviette	Buŝtuko
Viande	Viando

Restaurant #2
Restoracio #2

Boisson	Trinkaĵo
Chaise	Seĝo
Cuillère	Kulero
Déjeuner	Tagmanĝo
Délicieux	Bonaj
Dîner	Vespermanĝo
Eau	Akvo
Épices	Specoj
Fourchette	Forko
Fruit	Frukto
Gâteau	Kuko
Glace	Glacio
Légumes	Legomoj
Oeuf	Ovoj
Poisson	Fiŝo
Salade	Salato
Sel	Salo
Serveur	Kelnero
Soupe	Supo

Science
Scienco

Atome	Atomo
Chimique	Kemiko
Climat	Klimato
Données	Datumo
Expérience	Eksperimento
Évolution	Evoluo
Fait	Fakto
Fossile	Fosilo
Gravité	Gravito
Hypothèse	Hipotezo
Laboratoire	Laboratorio
Méthode	Metodo
Minéraux	Mineraloj
Molécules	Molekuloj
Nature	Naturo
Observation	Observo
Organisme	Organismo
Particules	Eroj
Physique	Fiziko
Scientifique	Sciencisto

Science-Fiction
Sciencfikcio

Atomique	Atoma
Cinéma	Kino
Explosion	Eksplodo
Extrême	Ekstrema
Fantastique	Mirinda
Feu	Fajro
Futuriste	Futurista
Galaxie	Galaksio
Illusion	Iluzio
Imaginaire	Imaga
Livres	Libroj
Monde	Mondo
Mystérieux	Mistera
Oracle	Orakolo
Planète	Planedo
Réaliste	Realismo
Robots	Robotoj
Scénario	Sceno
Technologie	Teknologio
Utopie	Utopio

Sports
Sportoj

Athlète	Atleto
Base-Ball	Basbalo
Basket-Ball	Basketbalo
Championnat	Ĉampionado
Entraîneur	Trejnisto
Équipe	Teamo
Gagnant	Gajninto
Golf	Golfo
Gymnase	Gimnazio
Gymnastique	Gimnastiko
Hockey	Hokeo
Jeu	Ludo
Joueur	Ludanto
Mouvement	Movado
Stade	Stadio
Tennis	Teniso
Vélo	Biciklo

Surf
Surfado

Amusement	Amuza
Athlète	Atleto
Champion	Ĉampiono
Débutant	Komencanto
Estomac	Stomako
Extrême	Ekstrema
Force	Forto
Foules	Amasoj
Météo	Vetero
Mousse	Ŝaŭmo
Océan	Oceano
Plage	Plaĝo
Populaire	Populara
Récif	Rifo
Style	Stilo
Vague	Ondo
Vitesse	Rapido

Technologie
Teknologio

Caméra	Fotilo
Curseur	Kursoro
Données	Datumo
Écran	Ekrano
Fichier	Dosiero
Internet	Interreto
Logiciel	Softvaro
Message	Mesaĝo
Navigateur	Retumilo
Numérique	Digitalo
Octets	Bajtoj
Ordinateur	Komputilo
Police	Tiparo
Recherche	Esplorado
Sécurité	Sekureco
Statistiques	Statistiko
Virtuel	Virtuala
Virus	Viruso

Temps
Tempo

Annuel	Jaro
Après	Post
Aujourd'Hui	Hodiaŭ
Avant	Antaŭ
Bientôt	Baldaŭ
Calendrier	Kalendaro
Décennie	Jardeko
Futur	Estonteco
Heure	Hora
Hier	Hieraŭ
Horloge	Horloĝo
Jour	Tago
Maintenant	Nun
Matin	Mateno
Midi	Tagmezo
Minute	Minuto
Mois	Monato
Nuit	Nokto
Semaine	Semajno
Siècle	Jarcento

Types de Cheveux
Haraj Tipoj

Argent	Arĝento
Blanc	Blanka
Blond	Blonda
Boucles	Bukloj
Brillant	Brila
Chauve	Kalva
Coloré	Koloraj
Court	Mallonga
Doux	Mola
Épais	Dika
Frisé	Bukla
Gris	Griza
Long	Longa
Marron	Bruna
Mince	Maldika
Noir	Nigra
Sain	Sana
Sec	Seka
Tresses	Plektaĵoj
Tressé	Braided

Vacances #1
Ferio #1

Avion	Aviadilo
Billet	Bileto
Devise	Valuto
Départ	Parto
Douane	Dogano
Expédition	Expedicio
Itinéraire	Itinero
Lac	Lago
Musée	Muzeo
Parapluie	Ombrelo
Relaxation	Malstreĉiĝo
Sac à Dos	Dorsosako
Touriste	Turisto
Tram	Tramo
Valise	Valizo
Voiture	Aŭto

Vacances #2
Ferio #2

Aéroport	Flughaveno
Camping	Tendumado
Carte	Mapo
Destination	Destino
Étranger	Fremda
Hôtel	Hotelo
Île	Insulo
Loisir	Libertempo
Mer	Maro
Passeport	Pasporto
Photos	Fotoj
Plage	Plaĝo
Restaurant	Restoracio
Taxi	Taksio
Tente	Tendo
Train	Trajno
Transport	Transportado
Vacances	Ferio
Visa	Viza
Voyage	Vojaĝo

Vertus #1
Virtoj #1

Artistique	Arta
Bon	Bona
Charmant	Ĉarma
Curieux	Kurioza
Décisif	Decida
Drôle	Amuza
Efficace	Efika
Fiable	Fidinda
Généreux	Malavara
Indépendant	Sendependa
Intelligent	Inteligenta
Modeste	Modesta
Passionné	Pasia
Patient	Paciento
Pratique	Praktika
Propre	Pura
Sage	Saĝa
Utile	Helpema

Véhicules
Veturiloj

Ambulance	Ambulanco
Avion	Aviadilo
Bateau	Boato
Bus	Buso
Camion	Kamiono
Caravane	Karavano
Ferry	Primo
Fusée	Raketo
Hélicoptère	Helikoptero
Métro	Metroo
Moteur	Motoro
Navette	Pramo
Pneus	Pneŭoj
Radeau	Floso
Scooter	Skotero
Sous-Marin	Submarŝipo
Taxi	Taksio
Tracteur	Tractor
Vélo	Biciklo
Voiture	Aŭto

Vêtements
Vestoj

Bijoux	Juveloj
Bracelet	Braceleto
Ceinture	Zono
Chapeau	Ĉapelo
Chaussure	Ŝuo
Chemise	Ĉemizo
Chemisier	Bluzo
Collier	Koliero
Foulard	Skulo
Gants	Gantoj
Jupe	Jupo
Manteau	Mantelo
Mode	Modo
Pantalon	Pantalono
Pull	Seveter
Pyjama	Piĵamo
Robe	Vesto
Sandales	Sandaloj
Tablier	Antaŭtuko
Veste	Jako

Ville
Urbo

Aéroport	Flughaveno
Banque	Banko
Bibliothèque	Biblioteko
Boulangerie	Bakejo
Cinéma	Kino
Clinique	Kliniko
École	Lernejo
Fleuriste	Floristo
Galerie	Galero
Hôtel	Hotelo
Librairie	Librejo
Marché	Merkato
Musée	Muzeo
Pharmacie	Apoteko
Restaurant	Restoracio
Stade	Stadio
Supermarché	Superbazaro
Théâtre	Teatro
Université	Universitato
Zoo	Zoo

Félicitations

Vous avez réussi !

Nous espérons que vous avez apprécié ce livre autant que nous avons pris plaisir à le concevoir. Nous faisons de notre mieux pour créer des livres de la meilleure qualité possible.
Cette édition est conçue pour permettre un apprentissage intelligent et de qualité en se divertissant !

Vous avez aimé ce livre ?

Une Simple Demande

Nos livres existent grâce aux avis que vous publiez. Pourriez-vous nous aider en laissant un avis maintenant ?

Voici un lien rapide qui vous mènera à votre page d'évaluation de vos commandes :

BestBooksActivity.com/Avis50

CHALLENGE FINAL !

Défi n°1

Êtes-vous prêt pour votre jeu bonus ? Nous les utilisons tout le temps mais ils ne sont pas si faciles à trouver. Voici les **Synonymes** !

Notez 5 mots que vous avez trouvés dans les puzzles notés ci-dessous (n°21, n°36, n°76) et essayez de trouver 2 synonymes pour chaque mot.

Notez 5 Mots du *Puzzle 21*

Mots	Synonyme 1	Synonyme 2

Notez 5 Mots du *Puzzle 36*

Mots	Synonyme 1	Synonyme 2

Notez 5 Mots du *Puzzle 76*

Mots	Synonyme 1	Synonyme 2

Défi n°2

Maintenant que vous vous êtes échauffé, notez 5 mots que vous avez découverts dans les Puzzles n° 9, n° 17, n° 25 et essayez de trouver 2 antonymes pour chaque mot. Combien pouvez-vous en trouver en 20 minutes ?

Notez 5 Mots du **Puzzle 9**

Mots	Antonyme 1	Antonyme 2

Notez 5 Mots du **Puzzle 17**

Mots	Antonyme 1	Antonyme 2

Notez 5 Mots du **Puzzle 25**

Mots	Antonyme 1	Antonyme 2

Défi n°3

Formidable ! Ce défi final  n'est rien pour vous.

Prêt pour le dernier défi ? Choisissez 10 mots que vous avez découverts parmi les différents puzzles et notez-les ci-dessous.

1.	6.
2.	7.
3.	8.
4.	9.
5.	10.

Maintenant, composez un texte en pensant à une personne, un animal ou un lieu que vous aimez !

Astuce: Vous pouvez utiliser la dernière page de ce livre comme brouillon !

Votre Composition :

CARNET DE NOTES :

À TRÈS BIENTÔT !

Toute l'équipe